中南米スイッチ
気ままな中南米旅行記

<small>たび おと</small>
旅音

はじめに

「いつか、思う存分長い旅に出たい」

　旅から帰ってくると、いつもそう思っていた。
　ふたりとも旅が好きで、学生の頃から休みになるとアジアだ、ヨーロッパだと出かけていた。限られた時間とはいえ、異国の空気に触れるのはとても楽しかった。でも、もっとたっぷり時間をかけてその国を感じられたら、という長い旅への憧れは、いつだって心の中にあった。
　さかのぼること数年前。ともに会社勤めをしていた我々は、2週間の年末年始の休暇をどこで過ごそうかと、計画を立て始めた。旅の候補地として、真っ先に浮かんだのはブラジル。ブラジルの特集を組んだ雑誌の、ページいっぱいに広がる曲線だらけの建築物。テレビで見た真っ白い砂丘。本で読んだ、環境に配慮したユニークな都市……。だが、待てよ。日本から遠く離れたブラジルは、国土もかなり広い。これでは移動にばかり時間がかかって、せっかくのブラジルを満喫できない。そこでブラジルはいったんあきらめ、アジアへいくことに決めた。
　その後も追われるように仕事をこなす日々が続き、そんな生活にふと疑問を感じる。「このまま普通に仕事を続けていて、本当にいいのだろうか」。

　好きで選んだ仕事ゆえ、それに対する不満はなかった。だけど、くる日もくる日も同じサイクルで繰り返される日常には、なにかにものすごく感動するひとときも、ゆっくり考えごとをする時間も、ほとんどなかった。そんなときに心の奥から湧き出てきたのは、長い旅に出たいという、あの思い。
　ふたりでこれからについて話し合った。旅に出るのか。それともこのまま仕事を続け

るのか。旅にいくなら資金はどうするのか。行き先はどこにするのか。帰ってきてからの暮らしはどうするのか。

　結論は案外あっさりと出た。旅の資金と、帰国してからの生活費として、まとまったお金を貯めるまではきちんと働こう。気力と体力のあるうちにいっておきたい場所……、アフリカと中南米、かな。だったら、以前あきらめたブラジルにはどうしてもいきたい。よし、中南米に決めた！

　帰国後のことは、この時点ではほとんど考えられなかった。なにせ、ようやく長い旅に出られるチャンスがめぐってきたんだもの。旅の最中になにか思いつくさという、いきあたりばったりな発想のまま、計画を立ててから約1年後に会社を辞めた。それからは、旅先で感じたことをリアルタイムで更新するため、サイトのリニューアル作業をしたり、テレビのスペイン語講座を見たり、さまざまな予防接種を受けたり、チケットや持っていく荷物を買いそろえたりと、あっという間に過ぎていった。

　じつは旅立つ前から、ある秘めた思いがあった。

　具体的な計画を検討するため、中南米の本を探しに書店にいったときのこと。これから中南米を知りたいところなのに、棚にはたった数冊の、しかも深い内容のもののみ。これでは初心者の我々にはとっつきにくい。もっと気軽に、楽しく読める本があったらいいのに。ならば、中南米への興味のスイッチがパチッと入って、思わずそこへいってみたくなるような本を我々がつくることはできないだろうか。そして、仕事を辞めて旅に出ることが、長い人生においてマイナスではなく、大いにプラスになるということを同時に伝えることはできないだろうか。

　その思いが、こうして形になった。

目次

- 010　はじめに
- 013　中南米マップ

中米

- 016　メキシコ
- 030　column 中南米のモダン建築①ルイス・バラガン
- 034　グアテマラ
- 046　パナマ
- 050　キューバ
- 054　column ほかにも訪れた中米の国々
　　　　　　（ニカラグア・コスタリカ・エルサルバドル）

南米

- 058　エクアドル
- 068　ベネズエラ
- 076　ウルグアイ
- 080　パラグアイ
- 084　コロンビア
- 090　ボリビア
- 098　アルゼンチン
- 110　ペルー
- 118　チリ
- 126　ブラジル
- 142　column 中南米のモダン建築②オスカー・ニーマイヤー

- 148　item ともに旅した道具たち
- 150　gourmet 中南米のうまいもの
- 154　souvenir 買わずにいられなかったモノたち
- 158　trouble 旅にトラブルはつきもの
- 161　information 旅行情報
- 162　route 出来事でたどる旅の日々
- 170　旅を終えて

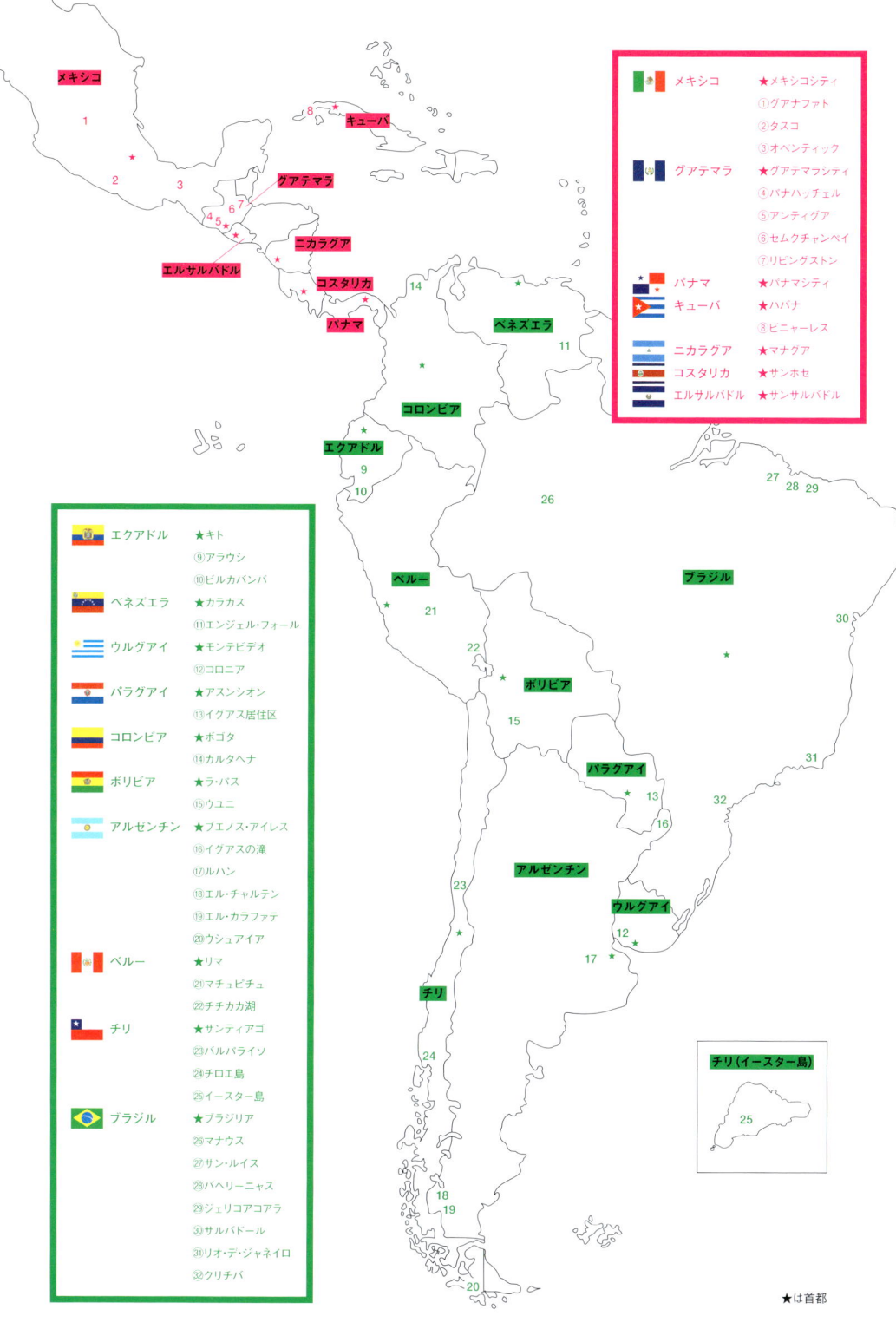

Central America

あふれんばかりの生命力を色に変換するかのように、
鮮やかに塗り立てられた家々。乾いた空気と強い日差しに
育まれた、辛味と旨みのハーモニーが絶妙な料理。
ここにくればスパイシーな刺激に満ちた日々が味わえる。

色彩とアートに溺れる

　メキシコシティ（Ciudad de México）を出発して約4時間が経過し、バスはいよいよ地下道の中へと入っていく。目的地のグアナファト（Guanajuato）にはかつて地下水路がめぐらされていて、その名残を道路としてそのまま使用している。石組みのアーチのところどころに灯るオレンジ色のあかりをぼんやり見ていると急にバスが停まり、ぞろぞろ人が降りていく。故障？　と思っていたら、ここが中心地の最寄りの停留所だという。

　狭い階段を上ると、大勢の人で埋め尽くされた広場にたどり着く。いくら世界遺産に指定されている美しい街とはいえ、これだけの人の多さは尋常ではない。じつは、この日は毎年10月にこの街で行われている大規模文化イベント、国際セルバンテス芸術祭（Festival Internacional Cervantino）のフィナーレを迎える日だったのだ。芸術祭の期間中は街のあちこちで演劇・アート展示・パフォーマンス・ライブなどが行われ、このイベントを目当てに世界中からたくさんの人が押し寄せる。

　通りは個性的なオシャレをした人たちであふれ、あそこでもここでもパフォーマンスの真っ最中。西アフリカの股に挟んで叩く太鼓、ジャンベを操るグループ、メキシコ名物の楽団マリアッチ、ジャグリングをす

世界遺産のグアナファトは落ち着いた街並も、
カラフルなストリートも、どちらも絵になる。

る人。ほかにも「キス20円」と書いた紙を首から提げているイケメンや、「FREE HUG」というボードを持ち歩いて平和を呼びかける人もいて、ただ歩くだけでも向こうから楽しさの波が押し寄せてくる。大いに笑い、踊り、拍手を送り、チップを渡して、を繰り返し、夜更けを迎える頃にはだいぶフラフラになったので宿へ戻る。最終日のためか、その後も宴が終わってしまうのを惜しむかのように、楽器の音や歓声が夜通し響いていた。

　芸術祭が終わった翌日、街は打って変わって静けさを取り戻した。昨日までは人の多さで気づかなかったが、とにかくこの街の美しいこと！

趣のある石畳の道にピンクや黄色といったまぶしい色の建物がずらっと並び、どの色もケンカすることなく街にとけ込み、太陽の光を受けていっそう輝いている。住宅街を歩いているだけなのに、カメラを休ませる暇なく酷使してしまう。毎日100枚以上の写真を撮ってもまだまだ撮り足りず、いろいろ見たいからと絶えずキョロキョロ首を動かす。この街では残念ながらのんびり散歩、とはいかないようだ。

死者と過ごす2日間

　死者の日。11月1日から2日にかけて行われる、日本のお盆に似ている行事。各家庭では祭壇を設置して飾りつけをし、お供えものを捧げ、家族親族がお墓に集い、ときに祈り、ときに飲み食いしながらおしゃべりに興じ、1日をそのお墓で過ごす。

　死者の日が近づくと、お供えものにする砂糖やチョコレートでできたガイコツのお菓子や、マジパン製の動物をかたどったミニチュア、マリーゴールドの花などを市場の至るところで見かける。この時期、一家そろって祭壇コーディネーターとなるメキシコ人は、真剣なまなざしでそれらを品定めし、お目当てのものを見つけると大事そうに袋に入れて持ち帰る。彼らの頭の中には、我が家の祭壇の青写真がすでにできあがっているのだろうか。

死者の日をタスコで

　以前メキシコを旅した友人に強く勧められたオアハカ（Oaxaca）での死者の日。ほかの街に比べて飾りつけが華やかで幻想的で、とにかくあんなに美しい祭は見たことがないという。それに合わせてオアハカ入りを予定していたところ、予期せぬ出来事が。春から続く教員によるデモの状況が日に日に悪化。死者の日中止もありうる、という話が浮上するほどであった。かなり楽しみにしていただけに途方に暮れたが、せめてほかの街にいってでも見たい。

　検討した結果、メキシコシティからバスで約3時間のタスコ（Taxco）へいくことにした。銀鉱で栄えたタスコは、白とレンガ色のコントラストが美しい、小さくてのんびりした街だ。こんな街で死者の日を迎えるのもいいかもしれない。

日没、そして仮装行列

　11月1日。ソカロ（zócalo）と呼ばれる街の中心地やお店の正面などに祭壇が用意され始める。マリーゴールドの花びらでできた十字架や、死者の日のために焼かれる丸

花とロウソクで埋め尽くされた、夜の墓地。

くて甘い大きなパン、ガイコツグッズで埋め尽くされた祭壇は、日没近くになるとロウソクのあかりで全体がオレンジ色に染まる。そのあかりに引きつけられるのは死者だけでなく、生きている人も同じ。その美しさに吸い寄せられ、しばし眺めてはため息をつく。するとなにやら遠くからにぎやかな歓声が響いてくる。オアハカでしか見られないと思っていたコンパルサ（comparsa）、仮装行列だ！

　ガイコツの格好をした赤ちゃん。悪魔や魔女に扮した子供たち。B級のホラー映画に出てきそうなおどろおどろしいマスクをつけた若者。棺桶を持ち上げ、なにか叫びながら移動し続ける人たち。なかには仮装したままロータリーを車でぐるぐる運転してはしゃぐ集団もいる。手にはかぼちゃ型のバケツを持ち、大人と目が合うとお菓子をねだるあたり、ハロウィンの要素も取り入れているようだ。それもなんだかイベントらしくて微笑ましい。そんな様子を見て、死者も微笑みながらこっそり各家庭へと戻っていくのだろうか。

死者といっしょに、にぎやかに

11月2日。この日は1日中お墓で死者とともに過ごす。メキシコのお墓がどんなものなのか、昼と夜でその光景はどのように変わるのか。死者との久々の対面という大事な日に、外国人が好奇心丸出しで出かけるのには少しだけ気が引けたが……墓地近辺に並ぶ露店の数々を見て、その思いはほぼ消えた。ビールやスナックが売られ、風船売りは子供相手に「おひとついかが？」とやっている。軽食屋では家族がゲラゲラ笑いなが

らタコスを食べている。いわゆる日本のお盆のように、厳かな雰囲気ではない。それは彼らの死に対する考え方の違いなのだろうか、まるで遠くに住んでいる家族が戻ってきたから集まりましょう、なんてノリだ。

　いざ墓地に潜入してみて、目に飛び込んできたのは鮮やかなお墓の色、そして飾られている花の色。とにかくまぶしいぐらいのさまざまな色が目に飛び込んでくる。十字架がすっかり見えなくなるぐらい花で埋め尽くされているお墓もある。よく見てみると、花を活けているのは特大缶詰の空き缶。彼らに必要なのは立派な花瓶ではなく、たくさんの花を入れられる容器なのだ。そんな色にあふれるお墓のまわりで、楽団は楽器を弾いて歌を捧げる。子供はそこいらを駆けまわる。大人は世間話に夢中。どこかでドカンとロケット花火が鳴る。

　夜、ふたたび墓地へやってきた。昼間より軒並み大繁盛といった感じで盛り上がる露店を横目に、中へと進む。どこかしんとした空気が流れるなか、墓地全体がロウソクのあかりに包まれている。昼間と同じようにお墓のまわりに座っている人の顔が、とてもイキイキと見える。人の顔がいちばん魅力的に見えるのは、ロウソクのあかりの下だったっけな。そのロウソクの輝く先を見つめる幼い少女の横顔は、帰る間際の誰かと話していたのだろうか、どこか空を見つめる表情だった。

　死者があちらの世界へ帰っていく。また来年。うしろ髪引かれる様子もなく彼らは家路へ向かう。誰もが満たされた笑みを浮かべながら。

顔を隠して暮らす人たち

　サンクリストバル・デ・ラスカサス（San Cristóbal de Las Casas）の民芸品市場には一風変わったものが売られている。目出し帽や、目出し帽をかぶった人形、目出し帽姿の人が描かれたTシャツなど。これらはメキシコ先住民の自由を取り戻すために活動する武装組織、サパティスタ民族解放軍（EZLN）をモチーフにしたもの。ちょっとおっかない感じもするが、メキシコ国民に絶大な人気を誇る彼ら。政府もその状況を無視するわけにはいかず、広く認められる存在となっている。民芸品の中にはキューバ革命の英雄チェ・ゲバラといっしょにサパティスタのシンボル的存在、マルコス（Marcos）副司令官がプリントされているものもあり、ツーリストのあいだでは人気のお土産となっている。

　さて、彼らの活動拠点であるオベンティック（Oventik）という村では、活動内容を広く知ってもらうために外国人の訪問を受け入れている。じつはこの村、とても素晴らしい壁画があるということでも有名。あまり政治的なことには首を突っ込まない我々だが、壁画見たさにオベンティックを訪れることにした。

　サンクリストバル・デ・ラスカサスからバ

スに揺られること1時間、奥深い山の中にその村はあった。入口には目出し帽をかぶった門番がいて、なにやら不審そうに我々を見ている。恐る恐る近づき、村を見学したい旨を伝える。するとパスポートの提出を求められ、その後、面接部屋へと通された。部屋の空気は想像以上に重く、冷たい。

「名前は？」「国は？」「仕事は？」「なんの組織に入っている？」

　組織？　予想もしていなかった言葉に驚いたが、彼らとしては当然の質問なのだろう。彼らの置かれているシビアな状況を痛感しつつ、組織には属していないと答えて面接は終了。そして、別の建物の前に連れていかれる。そこには複数の外国人が待っていた。案内役の目出し帽の男がドアをノックするも、中からは一向に反応がない。なにをすればいいのかもわからず、言葉少なに待つ我々とほかの外国人。思っていたよりもシリアスな雰囲気に困惑すること30分、ようやくドアが開いた。出てきた男性ももちろん目出し帽着用だが、言葉も丁寧でチラリとのぞいた目がやさしそうなのでちょっぴり安心した。

「お待たせしました、さあ順番にお入りなさい」

　まずは先に待っていたスペイン人カップルが中へ。漏れてくる会話はとても長く、込み入った話をしている様子。簡単なスペイン語しかわからない我々、会話が成り立つだろうかと不安な気持ちが続く。街を見て壁画を見て、という気軽さできてしまったのは間違いだったか……。

　15分ほど経過した頃、ついに我々の番が。中には3人の目出し帽をかぶった人。先ほどの面接よりも雰囲気が重く、さらに緊張感が増す。名前、国、職業など同じ質問をされ、「日本からですか、それはわざわざ遠いところ大変だったでしょう」とねぎらいの言葉も。「で、今日はなにを聞きに？」と尋ねられて、ドキッとした。事前にインターネットや本で彼らの歴史や活動内容は調べていたが、単に壁画を見にきただけとはとてもいいづらい。まずい……。

　なかなか答えないので少し変に思っているようだ。そこで素直に「壁画が見たい、そして写真を撮りたい」といった。彼らは拍子抜けしたような表情を浮かべながらも、「もちろんいいですよ、ただし住人は絶対に写さないように」と許可してくれた。

　最後に広報の役割を果たしている彼らの写真を撮らせてもらった。確認のために撮影した画像を見せたところ、ほんの少し目元がゆるんでいた。

ジンベイザメ日和

　メキシコでも有数のビーチリゾート、カンクン（Cancún）からバスで3時間半のチキラ（Chiquilá）を経由し、高速船に乗り換えて10分。到着したホルボッシュ島（Isla Holbox）はジンベイザメと泳げる場所として有名だ。

　島内は碁盤の目のような街のつくりで、15分も歩くとひととおり見てまわれる。

　壁に大きなジンベイザメの絵が描かれた商店の前で様子をうかがっていると、中からツアー会社の人が出てきて説明をしてくれる。いっしょに泳ぐのは魚類の中で、もっとも大きいジンベイザメ。彼らの主食は小魚やプランクトンで人喰いザメではないということ。ジンベイザメと泳ぐ際は1回につきふたりまでで、それを何回か繰り返すということ。7月、8月はシーズンのためほぼ確実に見られることなど。移動に用いる船の写真や実際にいっしょに泳いでいる人の写真を見せてもらい、ここで申し込んだ。

　翌朝7時半、桟橋にはたくさんの人が待機中でなんともにぎやか。しばらくして船は沖へ。最初のうちは穏やかだった海も次第に波が大きくなり、上へ下へととにかく揺れる。悲鳴ともつかない奇声を発しながら船に必死にしがみつく。1時間後、ポイントに到着したときには、まだジンベイザメを見てもいないのにぐったり。

　ガイドがジンベイザメを探し、「あそこにいる」。ゆっくりと船が近づいていく。背びれらしきものが見え始め、その姿があらわになると、静かに騒ぐ船上の人たち。体長は5メートルほどの小さいものだというが、それでも充分迫力がある。

　その後、2匹のジンベイザメが泳いでいるポイントを発見。しかも近くにはマンタも泳いでいる！ 全員大興奮。ひとしきり写真を撮り終えたあと、ここで泳ぐことに決定。泳ぐ際にはウェットスーツかライフジャケットのどちらかと、フィンとシュノーケルを着用

する。そして船頭からのゴーサインが出て、ガイドといっしょに海の中へ。

ジンベイザメとうまく並んで泳ぐ人、タイミングが合わなくて置いてけぼりになる人などを船上からワイワイいいながら見ているうちに、ついに我々の泳ぐ順番がまわってきた。よし、いくぞ。

じつはシュノーケリングをするのは初めて。軽い不安を抱きながらも船頭の合図に従って海へ入ると、うまくフィンを使えずちっとも前に進まない。じたばたと船の近くでまごつく私を心配して、ガイドが手を取ってくれていっしょに泳ぐ。このせいで時間をロスしてしまい、ほとんどジンベイザメと対面することなく1度目は終了。

次に備え、船上で海を見ているとなにかが跳ねている。なんとイルカがジャンプの真っ最中。そのあとにはマンタも海上でジャンプ！白い部分（腹部）が天に向かっていたので、ちょうど1回転して飛び跳ねていたのだろう。あまりに急な出来事で誰ひとりとしてカメラに収めることはできなかったが、皆の顔には興奮の色がうかがえた。

2度目はわりとスムーズに水の中を進み、気づけば真下をジンベイザメが泳いでいた。しかも小魚の大群もいっしょに。しかし見とれる暇もなく、背びれにぶつかるのを回避するのに精一杯。それでもなんとか近くで泳ぎ続けることができた。またしてもガイドに手を引かれながらだけれど。

もっとシュノーケリングを上手にできたならどんなに楽しかっただろう、と帰りの船で反省。しかし船上からジンベイザメやマンタを見られただけでも大いに満足したこのツアー、いい運動にもなったし、めでたしめでたし。なにせ水族館でしかお目にかかれないと思っていたジンベイザメを、ほんの少しのあいだとはいえ間近で見ることができたんだもの。

島内を走る自家用車もタクシーもこのゴルフカート。

ルチャリブレ観戦記

　メキシコ庶民の娯楽として大人にも子供にも人気のプロレス、ルチャリブレ (Lucha Libre)。プロレス好きでもなければ、ルールすらよく知らない我々が観戦することになったのには、こんな経緯があった。

　宿でたまに見かけるとても体格のいい男性。ずいぶん長く滞在しているようだけれど、いったいなにをしている人なのだろう。気にはなったが直接本人に確かめるのも躊躇してしまい、しばらくは謎のままだった。あるときほかの宿泊者から、彼はルチャドール (luchador) としてメキシコで修行中ということを知らされた。気さくな人だと聞いたので思いきって話しかけてみると、ちょうどその日試合に出るという。これって運命？しかも場所はメキシコシティにある会場のうちのもっとも大きい、16000人収容可能なアレナメヒコ (Arena México)。大規模な会場でわいわいやるのも悪くないよね、ということで、総勢10名でルチャ観戦へ。

　夜の街は昼間に比べてちょっぴり危険。しかしアレナメヒコに近づくにつれ、こうこ

うと輝くあかりが見えてきて少し安心する。試合が始まる前の会場周辺はプロレスグッズのオンパレード。人気選手のマスクやキーホルダー、Tシャツを扱う露店がひしめき、各店競って大声で呼び込みをする。

庶民の娯楽だけに入場料は安いはずだが、どうも外国人にはすんなりとその価格では売ってくれない。黙っていてもダフ屋がわらわら寄ってきて、「おい、オレから買え！」とすごんでくる。なんとかチケットを入手して入場、と思ったら警官に止められる。今度はなに？　警備上、男性と女性は別々の入口から入れることにしているらしい。場内にはカメラ、ペットボトルの飲み物は持ち込み禁止のため、丹念に持ち物検査。そして金属探知機でのボディチェックを経てようやく中へ。

席についてしばらくすると、ビール売りが近づいてくる。景気づけに皆で乾杯。入口でもらった今日の試合のチラシを見ると、トリをつとめるのは日本の格闘技界でも活躍している鈴木健想のようだ。

試合は3本勝負。ルチャリブレの場合、あらかじめ善玉のリンピオ（limpio）と悪役のルード（rudo）に分かれていて、リンピオがボコボコにされようものなら会場のあちこちから悲鳴が聞こえる。リング上では見事な空中技が交互に繰り広げられ、観客のツボをつく愉快なパフォーマンスも忘れない。そのたびに一部の席を陣取っている応援団がガンガン鳴り物を鳴らす。スペイン語がわかるともっと楽しめただろうが、それでも終始「おぉーっ！」と大声をあげ続けたため、なんだか喉が痛い。

もちろん同じ宿のあのルチャドールの勇姿も、鈴木健想の大振りなアクションもしかと見届けた。そして最後は鈴木健想がパイルドライバーを決めて終了。

試合後なかなか興奮冷めやらぬ我々は、よかったね、面白かったね、と口々にいい合って会場をあとにした。外はとても寒く雨が降っていたが、それがちっとも気にならないほどホクホクしていた。

Column

中南米のモダン建築①ルイス・バラガン

鮮やかな色彩と太陽の光をうまく取り込む術を知っている、メキシコの人たち。
20世紀を代表する建築家、ルイス・バラガン（Luis Barragán）ももちろんそのひとり。
裕福な家庭に生まれ、若くしてヨーロッパを旅した彼は、
とある造園家と出会い庭をデザインすることの重要性を知る。
時間や季節によって姿を変える庭に盛り込まれた、彼の美学と仕掛けを感じる旅へ。

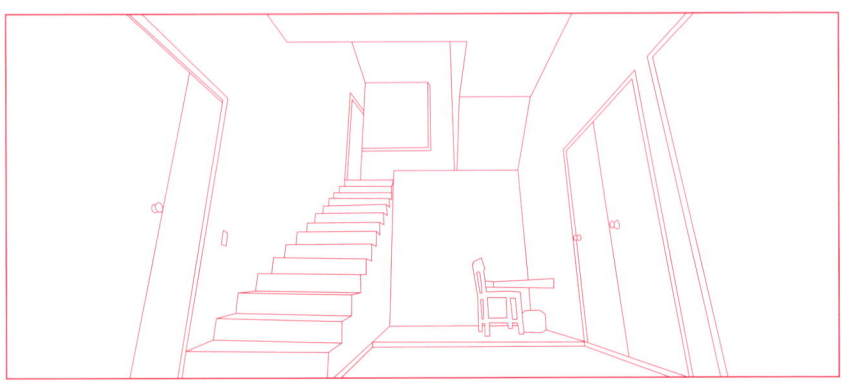

ルイス・バラガン邸

彼の終の住処となった自邸。最初に案内される庭にはさまざまな仕掛けがある。階段を設けて段差をつけたり、彫像を点在させてそれをアクセントにしたり。とくに目を引いたのは、雨が降ると池に水がたまり、そこが鏡のようになること。水をも装置として取り入れたデザインで、彼自身楽しみつつ、訪れた人にも心地よい衝撃を与えたかったのかもしれない。

庭だけではなく、建物もまたしかり。外見はごく普通の家と変わらない。しかし中に入ってドアを閉じると、窓から差し込む光がフィルターを通じて、あたり一面をあたたかい黄色の空間へと変える。まずはここでバラガンによる色の洗礼を受け、ゲストは心身ともにリラックスしていく。

大きく開けたリビングには、庭を望む大きな窓とステレオセット、壁一面にびっしり本の詰まった書棚。いつも知的なおしゃべりと音楽があふれ、さぞかしにぎやかな場所だったのだろう。傍らにはオブジェのような美しさを放つ、リビングから書斎へと続く階段。まるで宙に浮かんでいるかのようだ。

美学だけを追求したわけではない。信仰心の厚い彼は、神への感謝の気持ちをいつも持ち合わせていたため、それを示すかのような仕掛けを施した。彼の寝室は内窓で調光できるように4分割してあるが、じつはこれをほんの少しだけ開けた状態にすると、光の十字架が浮かび上がるようになっている。この仕掛けは、はからずも無宗教の我々の心にも深く残った。

ルイス・バラガン邸（Casa Luis Barragán）
Calle Francisco Ramirez 14 , Colonia Ampliacion Daniel Garza, México D.F／地下鉄7号線、Constituyentes駅下車。徒歩5分。
※事前にメールにて要予約。ヒラルディ邸もセットで見学可能。

タワーを間近で見ると、鮮やかな色の壁が連なっているよう。

サテリテ・タワー

　彼の建築には穏やかに心に染み入るなにかがいつも潜んでいるが、思わず歓声をあげたくなってしまう、新鮮な驚きに満ちたものもある。それがメキシコシティ北部、交通量の激しい高速道路に突如として現れるモニュメント、サテリテ・タワーだ。

　三角形の塔が5本、天に向かってまっすぐのびている。間近で見るとそれぞれのタワーとの間隔は均等ではないのに、遠くから見るとキレイにそろって見える。50年も前につくられたとは思えないモダンなデザインは、正面から見ても真横から見ても、美しい表情をしてくれる。

サテリテ・タワー（**Torres Satélite**）
Autopista 57 , México - Querétaro,Ciudad Satélite Naucalpan de Juárez　地下鉄2号線 Cuatro Caminos 駅より「SATELITE」行きのペセロ（乗り合いバス）に乗り換え。タワーが見え始めたらそこで下車。

1902年	1923年	1927年	1940年	1943年
グアダラハラの大農園に生まれる	グアダラハラの自由工科大学を卒業 在学中にほぼ完全な独学で建築を学ぶ。	最初の作品となるロブレス・レオン邸の改装を手がける 18ヵ月に及ぶヨーロッパ旅行で、万国博覧会などを見学。	行き詰まりを感じ、建築の仕事から離れる ル・コルビュジエと、フェルディナン・バックの影響を受けた住宅を多数設計。	エル・ペドレガルの土地の買いつけを始める 最初の自邸の設計を始める。

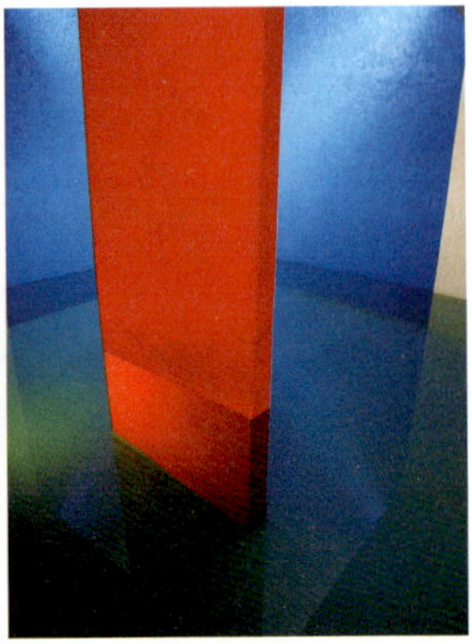

ヒラルディ邸

　バラガンの色と光と水の魔術は、生涯最後の作品となったヒラルディ邸で遺憾なく発揮されている。長く黄色く輝いている廊下を抜けた途端、我々は言葉を失ってしまった。

　正面に見えたのは床とほぼ同じ高さの、青と赤に彩られたプール。縁まで歩いていき、呆然としたままひたすら見つめる。いったい視線をどこに合わせればいいのか。いろいろな角度で見つめるものの、焦点が定まらない。この空間の完璧なバランス、衝撃的な色の組み合わせを目の当たりにし、周囲の音がまったく聞こえなくなるような、そんな錯覚に陥った。

ヒラルディ邸（Casa Gilardi）
Calle General Francisco León 82 , Colonia San Miguel Chapultepec Tacubaya, México D.F　※バラガン財団のガイドが家の前まで案内をしてくれる。

1953年	1975年	1976年	1981年	1988年
代表作、トゥラルパンの礼拝堂の設計を始める。郊外住宅地の都市計画に取り組み、大きな成功を収める。	最後の作品となる住宅、ヒラルディ邸を設計。数年にわたり、この計画に私財と心血を注ぐ。	ニューヨーク近代美術館で回顧展を開催。建築界のノーベル賞と称されるプリツカー賞を受賞。	健康上の理由から引退。グアダラハラ自治大学より名誉博士号を取得。アメリカ建築家賞を受賞。	自宅で逝去。享年86歳

トゥラルパンの礼拝堂

　信仰心の厚い彼だから成し得た作品が、メキシコシティ南部にあるトゥラルパンの礼拝堂だ。中心部から離れているために手持ちの地図には載っておらず、ようやくタクシーでたどり着いた先はまったく礼拝堂らしくない普通の建物。番地も合っているしきっとここだろうと意を決してインターホンを押し、ドキドキしながら待つ。しばらくすると中から年配のシスターが出てきた。時間帯や日によっては見学できないこともあると聞いていただけに心配だったが、「お入りなさい」と招いてくれてホッとする。

　ドアの向こうはそのまま中庭に通じている。その中庭に進むと、いかにもバラガンらしい、光をうまく味方につけた白い大きな十字架が目に飛び込んでくる。光と影の対比で、浮かび上がって見える十字架。しかしこれは序章に過ぎない。修道院の内部は撮影が不可のため、脇にある部屋に荷物を預けてから中へ。

　隙間にはめ込まれた琥珀色のステンドグラスは床から天井までのびて、そこから入ってくる光が横から十字架を照らす。まぶしく輝く十字架のうしろにある壁は、ステンドグラスから差し込む光でグラデーションを描き、十字架横にある単色の壁との違いがはっきりしていて、それを見比べるのもまた面白い。ここには奇をてらった装置はなにもないが、暖色の空間に身を置くことでこんなにも満ち足りた気持ちになれるだなんて。静かにこのひとときをかみしめて、ここをあとにした。

トゥラルパンの礼拝堂（Capilla en Tlalpan）
Calle Hidalgo 43 Colonia Tlalpan, México D.F　地下鉄2号線Tasqueña駅より市電に乗り換え。Huiplco駅下車。タクシー5分。
※寄付金、50メキシコペソが必要。

いまも伝統的な暮らしを大事に受け継ぎ、
民族衣装を身にまとうグアテマラの人たち。
彼らの文化と美しい風景に魅せられて住みついた外国人も多く、
その独特のミックス感によってさらにその魅力は何倍にも増す。

Guatemala
グアテマラ

松の葉を焚いたものを片手に、一心に祈る。

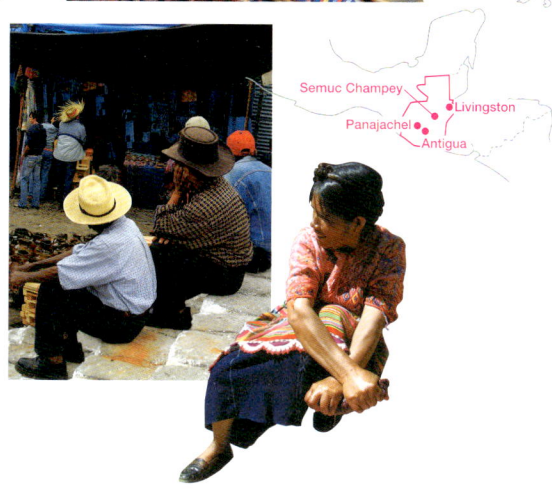

民族衣装コレクション

　毎日どこかの村で定期市のたつグアテマラ。大勢の人が集まり、ざわざわにぎやかに買い物が繰り広げられるのを冷やかして歩くのは、とても面白い。そしてグアテマラだからこそ味わえる、とっておきの楽しみがある。それは民族衣装ウォッチング。

　普段でも民族衣装を着て暮らしているグアテマラの人たち。村によって色合いやデザインが異なるので、それらを見比べるのもまた一興。細かい手仕事の刺繍を見ていると、その美しさに思わずため息がもれてしまう。洋装が主流になっているほかの国に比べると、小さな子供でもちゃんと衣装を着ていて、それがかわいくてたまらない。

　そして、お年寄りの着こなしは格別。みんなと同じ格好をしていても、自然と目がいってしまう。少しうつむき気味に黙々と歩いている彼らのうしろ姿には、つつましい日々の暮らしがにじみ出ているよう。それなのにとてつもない存在感。

　ちょっと腰掛けてボーッと眺めているだけで、市の雰囲気も鮮やかな色合いも両方楽しめる。だからなにも買わずに帰っても、なんだかとても大事なものを持ち帰ったような気分になるのだった。

不思議な生き物たち

　日本ではなかなかお目にかかれない昆虫や動物が見られるのも旅の醍醐味。

　パナハッチェル(Panajachel)で散歩がてら訪れたアティトラン自然保護区(Reserva Natural Atitlán)では、グアテマラに生息する蝶の飼育・保護をしている。ここで見つけた驚きの蝶は、なんと羽が透明！ パティラトンボマダラ(Ithomia patilla)という名のこの蝶は中米全域に生息しているようだけれど、こんなに間近で見られる機会はそうそうない。

　間近で見てビックリしたものといえば、アルマジロもそのひとつ。宿でペットとして飼われていたアルマジロは、1日に21時間も眠りっぱなし。起こさないと空腹に気づかずそのまま死んでしまうので、無理矢理起こしてエサを与える。クシュンクシュンとクシャミのような鳴き声をあげながらトコトコと徘徊し、最後は電池がなくなったおもちゃのように止まり、また深い眠りにつく。なつくわけでもないのに、これが見ていてちっとも飽きない。その後ドアから脱走を図った模様で、大勢での捜索も空しく行方不明に。

そんなアルマジロとの思わぬ再会は、夕食時のテーブルの上だった。数多いマヤの遺跡のなかでも最大規模のティカル(Tikal)遺跡。そこへ訪れる起点となる街、フローレス(Flores)のとあるレストランで見つけたメニューにはさまざまな動物の名前があり、アルマジロという文字もある。いったいどんなものが運ばれてくるのだろう、と待つこと数十分。キレイに盛りつけられた肉のかたまりはアルマジロ、七面鳥、鹿、テペスクインテという四つ足の動物、の4種類。固い殻に覆われていたとは思えない姿にちょっと驚きつつ、まずはアルマジロからほおばる。繊維っぽくて、お世辞にもおいしいとはいえない。少しがっかりしながらほかの肉にもトライ。七面鳥は無難な味だが、テペスクインテは妙に歯ごたえのある脂肪が気になり、鹿は固くてクセがある。あぁ、一皿に2500円近くも払ってこのがっかり感。やはり食肉として世の中に広く普及していないものには、それなりの理由があるのだ、きっと。

上:保護区内で見つけた、透明の羽を持つ蝶／下:放し飼いになっているオウム／右:グアテマラの見どころのひとつ、ティカル遺跡。

ニセモノライブを満喫

　生でブエナ・ビスタ・ソシアル・クラブ*を体感できる場所が、じつはグアテマラにもある。本物？ それともニセモノ？

　グアテマラシティにほど近い、古都アンティグア（Antigua）。コロニアルな建物と廃墟と化した教会が印象的なこの街に先に入っていた友人より「毎週水曜の夜にレストランでブエナ・ビスタのライブがあるんだけど、すごくよかったからまた今週もいく」とのメールがきていた。聞けば入場するのにチャージはかからず、通常よりドリンク代が少々高いだけ。あやしい、こんないい条件で本物がやってくるとは考えがたい。でもニセモノだとしたらそれもちょっと見てみたい。昼間のうちに予約を入れておき、ワクワクしながら夜を待つ。

　到着してみると会場となるレストランは外国人でいっぱい。お酒を飲みつつ待つこと1時間、ついにライブが始まった。どう見てもバックバンドはグアテマラ人。フロントでパーカッションを演奏しているおじいさんだけはそれっぽいが、映画に出てくる人とはどうも違う。肝心の演奏はといえば、パーカッションとバックバンドとがうまくかみ合っておらず、そのまま第1部が終了。いくらニセモノでも、演奏がいまいちなのはちょっと許せない……。

　しかし、ここから本領発揮。休憩を挟んで第2部がスタートしたあたりから、ノリが少しずつ変わってきた。だいぶ慣れてきたのか息が合うようになり、酔いも手伝って観客が踊り始め、それに合わせて演奏もヒートアップ。とくにおじいさんのパーカッションの炸裂ぶりには自然と体が動いてしまう。もう本物でもニセモノでもどうでもいい！ こうして夜更けまで汗だくになってライブを楽しんだのだった。

左：教会の前の売店で遊ぶ子供たち／中：雰囲気のあるパン屋の看板／右：カメラに驚き、慌てて走り去る少年。

※ブエナ・ビスタ・ソシアル・クラブ：ドキュメンタリー映画にもなった、有名なキューバの老ミュージシャン集団。

本物か、ニセモノか。でも迫力ある演奏はかなり見もの。

秘境の天然プール

　さまざまな見どころのあるグアテマラのなかでも最高に美しいといわれる場所、セムクチャンペイ（Semuc Champey）。決して平坦な道のりではないが、エメラルドグリーンの棚田のような景観には誰もが息をのむという。しかもそこは天然のプールになっていて泳ぐことも可能だとか。

　まずは起点となる街、グアテマラシティより北へ約200kmのコバン（Cobán）へ。バスを乗り継いで自分たちでいくこともできるが、我々は効率よくいくために旅行会社でセムクチャンペイツアーを物色。せっかくならのんびり自分たちの好きなペースで見てまわりたい、なによりガイド・ランチ付きツアーは値段も張る、ということで、往復の送迎のみお願いした。

　当日はどんより曇り空。アスファルトの道路を進みしばらくすると、車1台分の幅しかない砂利道が現れる。その道をガタガタ車体を揺らしながら下ったり上ったりの繰り返し。激しい揺れで体力を消耗し、眠る人まで出てくる。ところがもやのかかった山々が見え始めると、その神秘的な姿にみんな釘づけ。ここでいったん車を降り、休憩がてら撮影タイム。かなり冷えるけれど、疲れた体がしゃんとして気持ちいい。目の前の景色は刻一刻と姿を変え、山々がはっきり見えたり隠れたり。

　再び車に乗り、約2時間半かけてようやくセムクチャンペイの公園入口へ到着。ここ

p42：木々の隙間から見える段々になった池。
p43：青く澄んだプールで、ひとしきり泳ぐ。

で思いもよらぬ事実を知る。我々を除く十数名全員が、ガイド・ランチ付きツアーの参加者だった。つまりここからは別行動。

どうしよう……とりあえずランチでも取ろうかと、レストラン風の建物を訪れると「食べ物？　ないよ」とビックリな返答。こんなことなら素直にツアーに参加すればよかった。後悔ムード満々の我々の足取りは重い。

ランチはあきらめ入場料を支払い、中に入ることにした。きちんと整備された遊歩道のまわりにあふれる緑。歩くこと数十分。その隙間から見えてきた、段々になった数々の池。これが目指していた天然プールだった。この池、川の水量が増えたときに石灰岩の上を水が流れることで侵食されて、段々となっていったそうだ。外は曇っているというのに、ここの水の青く澄んでいること！

気分も上向きになり、さらに進むとツアーの一行と合流。彼らの提案で、ここで泳ぐことに。気温22度ほど、水温も決して高くはないものの、一度水の中に入ってしまえばすぐに慣れてしまう。足元はぬるぬると滑りやすいが、青く美しい水中を見つめながらゆっくりと移動するにはかえって好都合。小魚の群れがまわりを取り囲み、立ち止まるといっせいに体をちょんちょんとつつく。泳ぐ人もいれば段差を利用して高いところからダイブする人もいて、天然プールには歓声がずっと響いていた。

陸の孤島に響くリズム

　長く旅をしていると、しばしば予定していない街へいく機会がめぐってくる。噂を聞きつけ、なんだか気になって旅のルートを再検討。隣の国、ベリーズ（Belize）のすぐ下にあるリビングストン（Livingston）もそんな街のひとつ。

　グアテマラで、唯一の黒人であるガリフナ族が暮らす街。レゲエや独自の音楽プンタが流れ、英語で挨拶が交わされる。色とりどりの衣装をまとった少数民族の村ばかり訪れていた我々。グアテマラにそんなところが？ プンタっていったいなに？ と妙にそそられて、急遽リビングストンへ。

　標高1500m以上の場所から一気に下ってリオ・ドゥルセ（Río Dulce）へ。リビングストンへは水路しか交通手段がないため、ここからはボートに乗り換えて約2時間。ペリカンが飛び交い始めたらそこがリビングストンだ。

　半袖でも蒸し暑く感じる。黒い肌に細かい三つ編みやドレッドヘアのよく似合う人たちが通りを行き交う。レストランから漂うココナッツミルクの匂い。グアテマラのほかの街とは明らかに違う雰囲気が漂うなか、映画に出てきそうな太った黒人のおばちゃんが「髪の毛編んであげるわよ！」なんて声

遠浅の海の上で、のんびり休むペリカンの群れ。

をかけてくる。

　暑いので海まで散歩。カリブ海沿いではあるが、それほどキレイな海ではない。けれど遠浅の海がずっと広がり、どこまでも歩いていけそうだ。その上をペリカンが優雅に舞っている。

　夕方、ルーレットの屋台がたつ。賭け金はわずか30円、しかし子供から大人まで真剣な眼差しで行く末を見守り、結果が出ると勝った負けたと大騒ぎをする。3回ほどチャレンジしてみたが、見事にすべて持っていかれた。

　夜になるとレストランでプンタのライブが始まる。プンタとはジャンベ風の太鼓や亀の甲羅で高速ビートを刻み、それに合わせて歌うこのあたり特有の音楽。街の不良連中といった見てくれの彼らだが、いったん演奏を始めるとその迫力に圧倒される。腹の底に響くリズム、心にどっしり残る声。周囲の景色が一瞬にしてアフリカになってしまうぐらい、その場の雰囲気ががらりと変わった。

　日程の都合で1泊でここを出なければいけなかった。それを惜しむようにゆっくり朝食を取っているとひとりのラスタマンが話しかけてきて、ひとしきりおしゃべり。出発の時間になったので「もういくね」と告げると「¡Adiós Amigos!（さよなら、アミーゴ）Ya man, One love!」といって、握手。そして互いのこぶしをコツン、とやり合って別れた。

なにはともあれパナマ運河。
日夜休むことなく巨大船舶が通行していく。
そして活気に満ちた市街、さまざまな人が往来する中に
珍しい民族衣装の女性たち。夜にはカジノやホテルの
まばゆいネオンがあふれ、ますますにぎやかに。

Panamá
パナマ

Ciudad de Panamá

あたたかい人たちと旅する貨物

　パナマのイメージ。ニュースでときどき耳にする「パナマ船籍」や学校で習った「パナマ運河」。それ以上にあまり知らなかったこの国には高層ビルが建ち並び、大型ショッピングセンターや日本でよく目にするファストフード店もたくさん。それなのに物価は結構安い。

　普通の暮らしが垣間見たくて、世界遺産となっている旧市街へいってみる。道端で立ち話に興じている人たちを横目に路面電車の線路跡を歩いていると、ドンドコ楽しげなリズムが聞こえてくる。音のするほうへ歩いていくとそこは広場。ペンキの空容器をドラム代わりに子供たちが練習の真っ最中。一生懸命叩いている子、練習に飽きて走りまわる子、その横には犬の散歩で訪れているおばさんの姿も。なんとものどかな光景。しばらくベンチに座って見ていたがそろそろ散策を再開、と立ち上がって歩き始めると誰かに呼び止められる。「そっちは危ないからいっちゃダメ！」。ここは決して豊かな暮らしをしているとはいえない地域、そういう場所があることも事実。

別の広場では民族衣装姿の女性たちが布を売っている。赤を基調としたその布はモラと呼ばれるもので、彼女たちの着ているブラウスにも縫いつけてある。動植物をモチーフとしたものが多いが、なかには伝統的な模様や架空の生き物なんてものもあるようで、大胆な色遣いと繊細な構図がパッと目に飛び込んでくる。

　それにしてもパナマにはやさしい人が多い気がする。

　先ほどの危ないと注意してくれた人もそうだが、それ以外にもバスに乗ろうとバス停にいたときのこと。待てども待てどもくる気配がない。場所を間違えたかと思って歩いている人に尋ねてみると、道路を挟んで反対側のバス停だという。お礼をいって横断歩道のない道を渡ろうとすると、「危ないからいっしょにいくよ」とついてきてくれる。そして我々が無事バスに乗り込むまで見送ってくれた。さてバスに乗ったはいいものの、今度はどこで降りたらいいかわからない。地図を広げて外の景色と見比べていると、乗客のおじさんが親切に教えてくれる。するとほかの人が「こっち空いたから座りなさいよ！」と席を譲ってくれる。

　夜になり、バーで飲んでいると話しかけ

先住民の女性がつくる、モラと呼ばれる布。

→ next trip!

られた。「日本人か。そうか、よくきたな」とウェルカムモード全開の笑顔でビールをおごってくれる。絶好のタイミングでちっとも押しつけがましくない彼らの親切は、ありがたくてあたたかい。

そしてパナマにきたのなら、直接この目で見てみたかったパナマ運河。その日はあいにくの空模様だったが、それでもたくさんの人が訪れていた。日によっては何時間待っても船の姿が拝めないこともあるというが、果たしてどうか。館内の展示を見ているとアナウンスが流れる。どうやらもうすぐ船がくるようだ。慌てて屋上デッキに上ると遠くに大きな船が見える。かなりゆっくりしたスピードでこちらに向かってくるのとは対照的に、地上では係員らしき人たちが忙しそうに走りまわっている。船が入ってくると、自然に湧き起こる拍手。それに応えてにこやかに手を振っている船の乗組員たち。こうやってさまざまな国の荷物がひっきりなしに行き来しているんだな、と思うと感慨深い。あれ、あそこのコンテナ、扉が開いているけれど大丈夫かな……。

これはオシャレ？　カーラーを巻いた女性の姿を、街中でよく見かける。

49

さまざまな制約のある暮らし。
なんでも自由に手に入れられるわけではない。
それでも笑いながら、強くしたたかに
生きているキューバの人たち。
そのパワーのすさまじさには、到底かなわない。

キューバ
Cuba

疑問符だらけのキューバ

「カストロが生きているうちにいかないとキューバは変わってしまう」と、旅する者はいまのキューバへと急いでやってくる。我々もそのクチだ。もともと妙に気になる国のひとつだった。自由を求めて革命を起こし、社会主義体制をとっている未知の国。ある程度予習が必要と思い、いろいろなサイトを見てまわって臨んだ首都ハバナ（La Habana）。

　古い建物の並ぶ街にはぴったりの、かっこいいクラシックカーがそこここにある。街を歩けば「おい、元気か？」と気さくに声をかけてくる人の多いこと。ただそれが珍客への単なる挨拶ではない場合もあった。ギターを弾きながら近づき、「お金ちょうだい」といってきたおじさん。正面からやってきた大道芸の集団には、通り過ぎただけなのにチップを求められ、渡さずにいたらタンバリンでポンと背中を叩かれた。さらには、ヒネテーロ（jinetero）と呼ばれるたかり屋にまんまとはめられ、お酒をおごるはめにもなった。

　こんなことが続いて、だんだんと考えてしまうようになった。視点を変えると、現実的になかなか建て替えられない、壊れそうなく

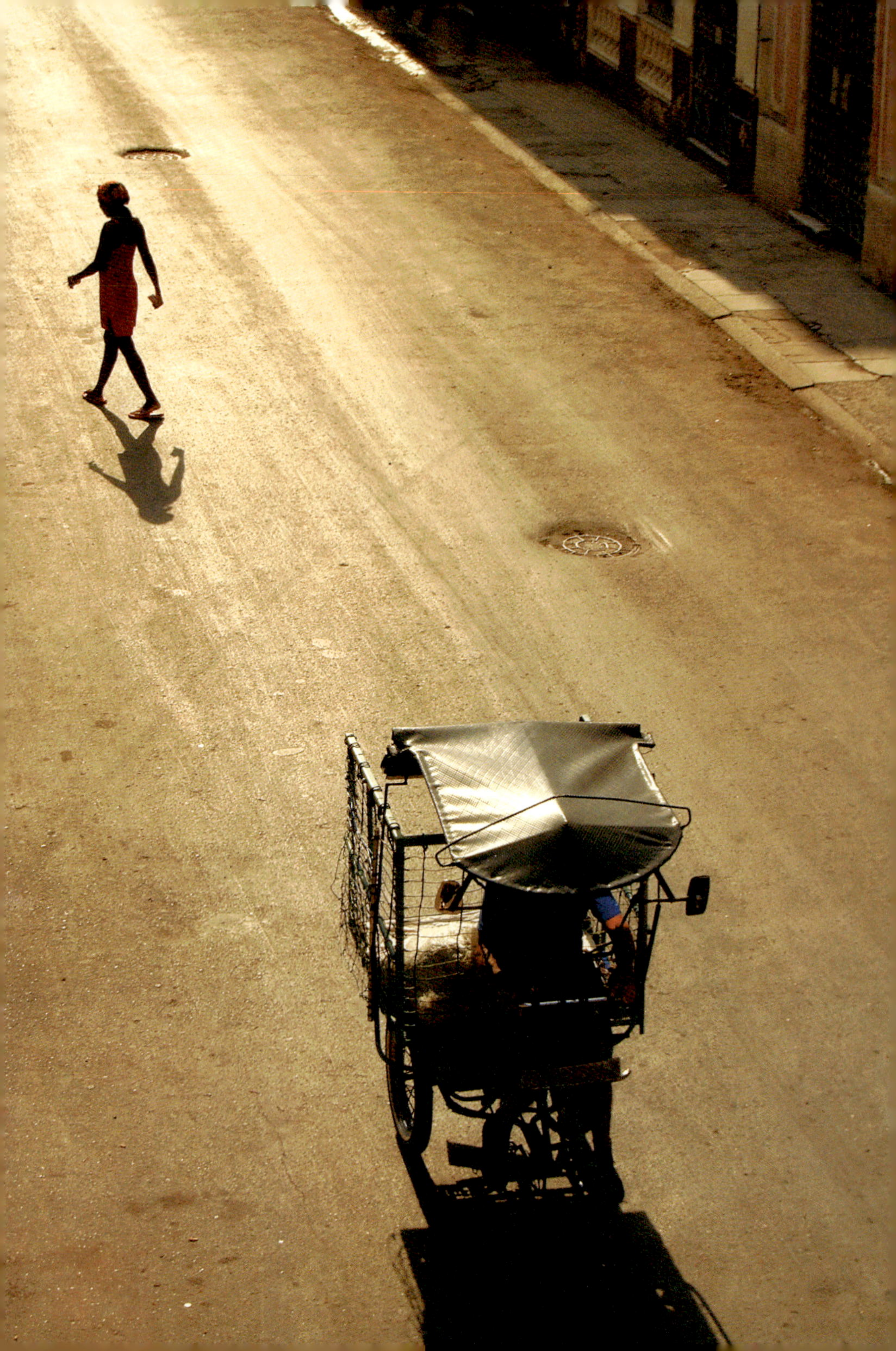

たびれた建物の並ぶ街。クラシックカーは、新車が欲しくても法律で規制されていて買い換えが難しいためぼろぼろ。現金を欲しがるたかり屋たち。これらが存在する理由は、社会主義という体制が大きく影響しているのではないかと。そしてキューバ人は現状に満足していないのではないかと。

ところが、当のキューバ人は思ったより明るい。通りを歩けば、いつも元気な挨拶が飛び交っている。家の中を覗けば、大音量でサルサをかけながら夢中で踊っている。本当に生活に困っているのなら、こんなに楽しく過ごせないだろうに。理想と現実のギャップをそれなりに受け入れて、どうせなら明るく生きようよ、ということなのか。キューバ革命の英雄、チェ・ゲバラのタトゥーを入れている人を見かけるたびに考える。そのタトゥーは、革命が人々に幸せをもたらしたという証なのか。

ハバナの西側にある山に囲まれた村ビニャーレス（Viñales）でツアーに参加し、ガイドと話したときのこと。彼はカストロの行った国民の医療・教育は無料に、という政策を高く評価していた。しかし食料・衣料の価格や、交通費が高く、満足な仕事もないため国民の暮らしがいかに大変かということも語っていた。キューバ人がお金を欲しがる理由は、そこにあるのだろうか。

疑問に思うことがたくさんあったのに、結局なにも答えが見つからないままキューバをあとにした。至るところでやっているライブの迫力や、絵になる街並はいつだって素晴らしく、うっとりした。なのにいつも考えごとをしながら過ごしてしまったのは、ちょっともったいなかった気がする。もっと気軽に楽しめばよかったかな。最後まで疑問符がつきまとったキューバは、ずっと心のどこかで引っかかっている不思議な国なのだ。

Column

ほかにも訪れた中米の国々

通過点のため駆け足で通り抜けた国々。
ほんの少しだけ降り立って
街の中をさっと散策したり、
コーヒーを飲みに出かけたり、
宿でのんびりビールを飲んだり。

エルサルバドル
ニカラグア
コスタリカ

▶ニカラグア

Nicaragua

　ニカラグアの古都、グラナダ（Granada）。こじんまりとしているけれど、コロニアルな建物が並ぶ通りは歩いていて気持ちがよい。雰囲気のいい宿が多く、中庭にプールがあるところでもそれほど値段は高くない。オーガニックのカフェや地元の人が集うバーもあるのでのんびりするにはうってつけ。

　夕方になっても結構暑いこの街には、家の前にロッキングチェアを出してきてゆらゆら揺れながらボーッとしたり、おしゃべりをしている人の姿がいっぱい。そんなリラックス中の彼らと目が合うと思わず微笑んでしまう。

　日が暮れて街灯がともる頃には街の表情は一段と美しく変化し、まるでヨーロッパにいるかのような錯覚を起こす。

▶コスタリカ

Costa Rica

　エコツーリズムに力を入れているコスタリカ。せっかくきたならぜひ参加したいところだったが、残念ながら雨季でシーズンオフ。ならばと、この国でもうひとつ有名で幸せになれるものを堪能するべく向かった先は、首都サンホセ（San José）にある重厚で壮

54 Column

麗な国立劇場。この中に最高級のコーヒー「カフェ ブリット〈Café Britt〉」を提供してくれる喫茶店がある。ここはカフェラテやカプチーノ、フレーバーコーヒーなどのメニューが豊富なのも嬉しい。落ち着いた雰囲気のインテリアに囲まれていただくコーヒーで、優雅なひとときを。

ンティークの品々がところどころに配された宿にはレストラン兼バーもあり、宿から一歩も出なくても用事がすべて済んでしまう。しかも場所は中米諸国を結ぶ国際長距離バスターミナルの上。早朝出発でも宿の人が起こしにきてくれるので安心。

▶エルサルバドル

　夕方に到着し、翌早朝には出発という慌しいスケジュールで立ち寄ったエルサルバドル。短い時間ながら快適に過ごせる宿と出会えたことは嬉しい。ア

El Salvador

p54左：美しいグラナダの夜景（ニカラグア）　右：家の前でチェスに興じる人たち（ニカラグア）／p55上：ロッキングチェアに揺られてのんびりと（ニカラグア）／下左：本場のコーヒーの味は格別（コスタリカ）／下右：快適で居心地のよい宿（エルサルバドル）。

South America

赤道という名のこの国には世界三大長寿村のひとつや、
山々のあいだを縫うように走る列車などの穏やかな風景が広がり、
赤や緑の衣服に黒いフエルト帽子という
民族衣装の女性がその魅力に花を添える。

Ecuador
エクアドル

INTI-ÑAN
MUSEUM
LAT. 00°00'00"
CALCULATED WITH
G.P.S.
GREETINGS FROM THE MIDDLE OF THE WORLD

地球の半分で不思議発見

　南米はエクアドルの首都キト(Quito)は標高2800m。富士山7合目と同じ位置にあるため、太陽が顔を出しているあいだはあたたかいが、夏でも朝晩はキンと冷える。

　そんなエクアドルにきて真っ先に思いつくのは、赤道直下の国ということ。

　「赤道」という名を持つエクアドルにきたからには、その存在をひと目見てみたい。そして、赤道をまたいでみたい。向かった先はキトから北へ約20km、市内からバスで約1時間のところにある赤道記念碑、La Mitad del Mundo。直訳すると「地球の半分」というこの場所には、とても立派な記念碑兼博物館が建っている。

　当初の望みを叶えるべく、赤道をまたいで記念撮影。だが、じつは本当の「地球の半分」はここではない。脇にある未舗装の道を少し進むと、それは現れる。ずいぶんハンドメイド感あふれる門構え。園内にはさまざまなサボテンが植えられていて、石畳の曲がりくねった道がのどかにのびる。アンデスの人々の暮らしを忠実に再現した小屋が建ち並び、吹き矢の体験や、織物の実演を見ることができる。あれ、ここのウリは赤道ではないの？ というぐらい地味に、「地球の半分」がやっとのことでおでましだ。

　あの立派な記念碑をつくったあと、GPSで改めて測ってみたところ位置がずれていることが判明、というのがオチらしい。なんとも愉快なエピソード。でもこういうやっちゃった感のある話、決して嫌いではない。

　さて、赤道上ではちょっと面白い現象を目にすることができる。水が排水溝に流れるとき、南半球と北半球では流れ方が違うのだ。我々が普段見慣れているのは、時計と反対まわりに渦を巻く様子。これが南半球だと時計まわりに変わる。では、赤道直下ではどうなるのか？　赤道上では渦を巻くことなくただジャーッと流れて終わり。あら不思議。いっしょに見ていたおじさん、おばさんも大興奮。「私もやりたい！」「もう1回見せて！」と、目をキラキラさせながらガイドにおねだり。

　大人になってもいろいろ知りたい、体験したいと思う心は、子供と変わらない。好奇心を素直に丸出しにできることが、長生きして楽しく暮らす最良の策なのかもしれない。

本物の赤道入口にはこんな素朴な看板が。

屋根の上に乗る列車

　屋根の上に乗り、崖スレスレを走るというスリリングな山岳列車に乗るためにキトを南下してリオバンバ (Riobamba) の街へ。絶景を走り抜けた先には「悪魔の鼻 (Nariz del Diablo)」という名所も待っているらしいこの列車の旅、いったいどんなことに？

　チケットはリオバンバの駅で前日から売り出されるが、またたく間に完売。時間前からしっかり並んでいた我々も買えずじまい。

　そこに現れたのは、ひとりのエクアドル人。「バスで途中の街アラウシ (Alausí) までいって、そこから「悪魔の鼻」行きの小さな電車をアレンジする」という。ほかのツーリストがその話に飛びついて、続々とチケットを購入。事前に調べた情報では「アラウシからが絶景のハイライト。それまでの風景はほんの前座」とのこと。どれ、買ってみるか。「本当に電車に乗れるの？ オフィシャルじゃなさそうだし……」と、ちょっぴり不安はある。しかし翌日は朝から雨の予報。そんな天気で屋根の上に6時間はつらい。よし、ならば我々が真実を確かめようではないか。

　翌朝小雨が降るなか、前日無事にチケットを確保した先発隊はカッパを着て列車で出発。それをホームの外から見送った我々は、用意されていたバスへ。これが快適！ 発車して30分後には列車（時速20km）を一瞬で抜き去り、アラウシに到着。ここで2時間列車を待つという。民族衣装を着た人々が行き交うなか、アラウシの街を散策

していると、あっという間に時間が経過。

そしてやってきた列車に、みんな争うように屋根に上る。ちゃんと並んでいた我々の前へ、うしろの西洋人が我慢できずに横入り。仕方なく最後に屋根の上に乗り込んだものの、座れるスペースは見当たらない。車内に座ろうか迷っていると、車掌の怒鳴り声。「そこに座れ」と指定された先は、ハシゴを上っただけの通路。体を支える手すりもなく、少しでも押されたら簡単に落ちるようなところ。大丈夫か？

走り始めはゆっくりだから楽勝、なんて思っていたが、下り始めるとそこそこ速い。足下を見るとはるか下に川が見える。確かにスリリング。とはいえ、恐怖感よりも景色の素晴らしさに圧倒されっぱなし。

渓谷は深く、緑を蓄えた山はとにかく巨大。そして青い空がどこまでも広がり、視点の置き場に困るほど。いったいなんなんだ、このパノラマワイドな風景は？ 西洋人たちが「ワーオ、ワーオ」というのも無理はない。すごいぞアンデス！

で、終着点に到着したらご対面となるはずの「悪魔の鼻」は……？ とくに看板もなく、いまいちどれなのか判別がつかないが、みんなが写真を撮っているあの岩がきっとそうなのだろう。結局「悪魔の鼻」はよくわからなかったが、アラウシの街も堪能できたし、列車も大満足。リオバンバから乗れなくても、まったく問題なかった。

※山岳列車のチケット情報 → p 161

長寿の村で炎に包まれた新年を

　年末年始を過ごす場所として、ビルカバンバ(Vilcabamba)にやってきた。ここは以前見た雑誌に載っていた、いきいきとしたおばあちゃんの姿が印象的だったので、「絶対にいこう！」と決めていた場所。ロシアのコーカサス、パキスタンのフンザと並んで世界三大長寿村のひとつとなっている。1年を通して春のような気候のために過ごしやすく、おじいちゃんおばあちゃんが元気に働きながら暮らしている。

　エクアドルに入ってからいくぶん寒さにまいっていた我々は、喜々としてこの村に乗り込んだ。ロハ(Loja)からバスで1時間強、道中の山々の美しさにすでにノックアウト。大いに期待が膨らむ。

　村の中心部は小さいながらも充実している。ツーリスト向けのレストランや商店、インターネットカフェに薬屋、もちろん市場もある。驚いたのは人口3000人の村に存在するのが不思議なぐらいに立派な、24時間対応の大きな病院。名前を大谷孝吉病院という。長寿研究のために訪れたことのある博士からの寄付金で建てられたそうだ。

　さらにどのガイドブックを見ても「銀行やATMはないので、滞在する際はお金の用意を忘れずに」と書いてあったのに、あるで

はないか、新しそうなPLUSマーク付きのATMが。

　思っていた素朴な田舎の村のイメージとは明らかに違った。ただこんな素晴らしいところだけに、見にいきたいと人が集まるようになって、徐々に変わっていったのだろう。これはこれでアリなんだ。自然は変わらず豊かだし、その証拠に宿に向かう道にはたくさんの蛍がいて、窓を開けっ放しにしておくとハチドリが迷い込んでくる。

　さて、エクアドルには大晦日に人形を燃やす風習がある。古着を着せた人形におがくずや爆竹を詰め、写真の切り抜きや、露店で売っているお面をつけて燃やすことで、厄払いをするというのだ。年末近くになると日本でしめ縄が売り出されるように、エクアドルにさまざまなお面を売る露店があふれるのは、こういうわけだ。

　ビルカバンバも例外ではなく、大晦日の夕方ともなると各家庭の入口におかしな顔をした人形が並ぶ。これを深夜0時を過ぎると広場に持っていったり、自宅の庭で燃やすのだ。

　打ち上げ花火が上がるのを遠くに眺めつつ、我々が広場に到着したのはちょうど0時をまわった頃。すでにいろいろなところで人形が燃やされている。どさくさに紛れてさらに爆竹を投げ入れるやんちゃな子、その火の中に飛び込む男の子。なかには正面切って突っ込む果敢な子もいる。人形の燃えている中に飛び込むと福がくるそうだが、どうやらそれとは関係なく突っ込んでいる気がする。

　広場の特設ステージでは大音量でライブの真っ最中。その音に合わせてステージの下では大サルサ大会！　村の人に交じって、ツーリストも酔いどれステップを刻んでいる。

　村の人たちは会う人会う人抱き合って、新年のご挨拶に忙しい。小さい子もひとりベッドで眠るのが悔しいのか、外に出て椅子にもたれて眠い目をこすりながらなんとか起きている。それでもおじいちゃんおばあちゃんは、いつも通り規則正しい時間に眠りについているのだろう。長寿村の新年は、それぞれが思い思いに過ごして更けていった。

※ビルカバンバへのアクセス情報 → p 161

六感がここへ寄って、とささやいた宿

　ビルカバンバで当初滞在していた宿はプール・ジャグジー・サウナ・ビリヤード・卓球・DVD 800枚所有のビデオルームと、とにかくエンターテインメントには事欠かない充実ぶり。それでいて1泊ひとりUS8ドルというお得な宿。それなのになぜか快適に感じられなかった。
　「最初に満室で泊まれなかった宿に、もう一度いってみようか」。
　ビルカバンバ自体は小さな村なので、すでにひと通り見終わっている。でもあの宿に泊まらずにビルカバンバを離れて、後悔する我々の姿が目に浮かぶ。門をくぐった瞬間に「ここで過ごしたい」とずっと気になっていた宿、LE RENDEZ-VOUSに、1泊ぐらい寄り道したって構わないだろう。
　いままでいろいろな宿に泊まった。ときにはドミトリー（ひとつの部屋にベッドが何台かある相部屋タイプ）のセミダブルベッドにふたりで寝たこともあれば、ダブルベッドがふたつ、もちろんバストイレ付きで朝ご飯には日本食、なんて素晴らしい条件のところもあった。かといって施設が整っていれば満足かというとそうでもない。重要なのは宿に流れる空気。セミダブルベッドにふたりで寝た宿は、オーナーと宿泊者がとにかく愉快で、毎晩遅くまで話し込んでは大いに笑った。一方、快適なはずのすべてがそろっていた宿は、キレイだったもののどこか冷めた雰囲気が漂っていて、なんとなく好きになれなかった。
　六感がやっと正常に働いた。ここはオーナーと話した感じも、庭の手入れの行き届いた感じも、清潔でかわいらしい部屋の感じも、思っていた通りだ。いい空気がこの宿全体に満ちている。そのせいか、ほかのお客さんもとてもいい雰囲気で、気軽に「オラ！」と挨拶をしてくる。1泊なんてとんでもない、せめて2泊はしよう。即決。
　部屋の外のテラスにはテーブルと椅子があり、朝食はここで食べる。庭にはさまざまな植物が植えられ、ハチドリや蝶が蜜を吸いにやってくる。サトウキビで仕切られた塀代わりの目隠し、鳥小屋、煙突、すべてが絵になる。ハンモックに揺られ遠くの山を見ているだけで頬がゆるみ、気づけばそのまま昼寝。部屋の外に出て無線LANを使ってインターネットをする。ふと顔を上げると、庭とおデブな猫たちが目を癒す。夜はフカフカの布団に包まれて眠る。
　美しい自然としっかり行き届いたホスピタリティ、こんなにいい空気を感じられる宿、そうそうあるもんじゃない。

※ビルカバンバの宿 "LE RENDEZ-VOUS" の情報 → p161

→ *next trip!*

左：普段は庭がよく見えるよう、片づけられているハンモック／上：庭には立派なバナナの木が／下：手入れの行き届いた庭を歩くのもまた楽しい。

67

雄大な自然が手つかずのままに残されているベネズエラ。
しかしその風景にたどり着くまでの道のりは
決して平坦ではない。冒険の果てに出会える風景が
もたらす感動、それはとてつもなく大きい。

Venezuela
ベネズエラ

天から降り注ぐ神秘のカーテン

　世界一の落差979ｍを誇るエンジェル・フォール（Salto Ángel）を訪れる、2泊3日ツアーへいくためにベネズエラへ。水量が豊富で、迫力満点になる雨季の6月から10月は、まさにベストシーズンだ。
　ツアーを取り扱う代理店が多く集まるシウダー・ボリーバル（Ciudad Bolívar）へいくのに、夜行バスにもかかわらず4回もの検問にあう。これが悪名高いベネズエラ的行事？ 幸い、パスポートチェックだけで済んだものの、うとうと寝始めた頃にわざわざ起こされるのはいい気がしない。長居は無用、早速翌日からのツアーを申し込み、すぐに出発。

セスナで向かう陸の孤島

　エンジェル・フォールはカナイマ国立公園内にある。起点の街、カナイマ（Canaima）までは飛行機でしかアクセスできない、ま

さに陸の孤島。12人組でいくことになった我々。ほかの参加者たちが5人乗りのセスナ2台に分かれ、あっさり飛び立っていくなか、待てど暮らせど次のセスナがやってこない。評判上々の代理店に頼んだというのに、なんの説明もなく、空港にふたりだけで1時間以上ポツンと待たされる。迎えにきたセスナのパイロットは、とくに悪びれる様子もない。いや、この国においてはこうなのだ。きっと誰も悪くないのだ。結局我々の到着が遅かったために、初日に訪れる予定だったポイントは最終日にまわすことになった。遅くなったのはそちらの手配のせいなんだけど……。

カナイマからエンジェル・フォールへいくには、ボートで川の上流へと向かい、翌日に滝の麓までジャングルの中を歩いて、ようやくご対面となる。川の流れは結構速く、逆行して走るボートの中には容赦なく水しぶきが入ってくる。まるでウォーター・スライダーだ。1本の木をくり抜いてつくられた舟は一見ステキだが、これだけの人数だとサイズと構造にやや難あり。もうちょっと工夫が欲しいところだ。

雨季のため空はつねに厚い雲で覆われているが、時折、雲間からテーブルマウンテンが姿を覗かせると、すごいところへきたもんだ、と実感させられる。出発から約2時間、初日の寝床となるジャングルの中にあるトタン屋根の小屋へ着く。そこからはテーブルマウンテンが正面に見えて、気分も盛り上がる。しかしさまざまな受難のせいか、食事を終えるとすぐにまぶたが重くなり、ハンモックに入って眠ってしまった。明日、天気になることを祈りながら。

英語、スペイン語、ときどきおかしな日本語を操るガイドの男性。

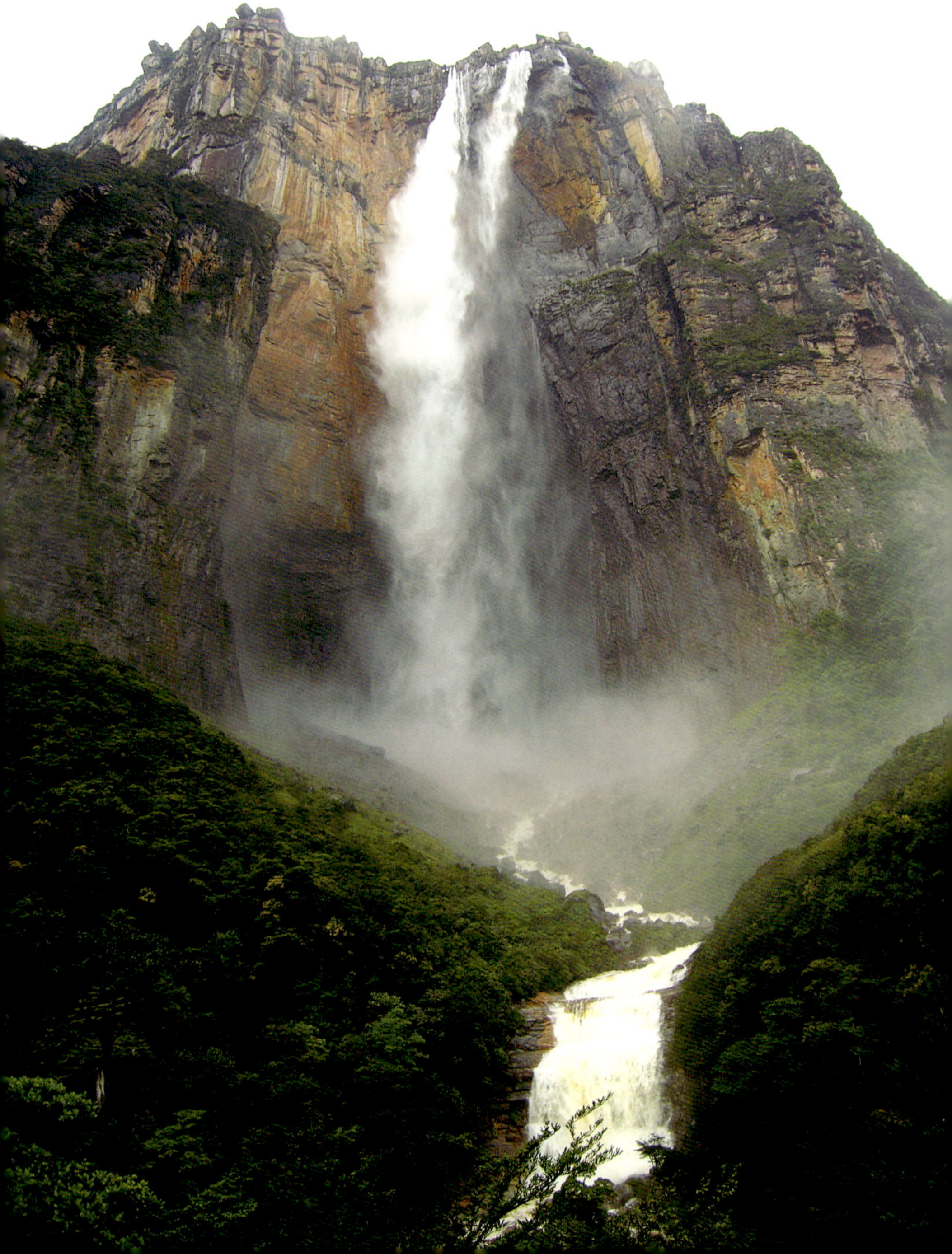

姿を現したエンジェル・フォール

　2日目、エンジェル・フォール間近のキャンプ地へ向けて移動。この日もウォーター・スライダー状態で進み、後方から悲鳴と笑い声が聞こえてくる。体の大きい（重い）人がうしろに座って舟のバランスをとっているので、前方にいる小柄な我々はあまり濡れずに済んだ。晴れていれば、このキャンプ地からエンジェル・フォールが見えるという。だが到着時には雲がかかっていてまったく見えず、滝があることを疑ってしまうほど。ガイドの説明によると、午後には晴れることが多いそう。昼食後にジャングルを登って滝を見にいくとのことなので、それまで近くの川で水遊び。すると、滝が見え隠れするようになってきて、ついにその姿を現した！

　ジュラ紀に紛れ込んだかのような風景。しかしじっくり見もせず、一生懸命写真を撮っている自分がちょっぴり情けない。

目の前に広がる雄大な景観

　午後、エンジェル・フォールの麓まで、ジャングルトレッキングの開始。写真を撮る余裕もなく、ズンズン進んでいく。ぬかるんでいたり、水たまりがあったり、段差がキツかったりと、とても歩きにくい。かなりハードな道のりだ。

　そんな道なき道を1時間ほど歩くと、強風と水しぶきがぶわっと顔にかかり、突然視界が開ける。大きい！ とにかく大きい。ついに目の前に現れたエンジェル・フォールのスケール感たるや、言葉で表現できるものではない。なにしろ1000mも上の荒々しい岩肌から、大量の水が白く美しい筋となって落ちてくるのだ。考えてもみて欲しい。もし六本木ヒルズからものすごい量の水が落ちてきたら、どんなに迫力があるか。しかも高さはその4倍。あぁ、いったいどうやったらこの感動を伝えられるだろうか。

　高低差が激しいため、途中からカーテン状の霧になってしまうエンジェル・フォールには滝壺がない。途中で霧となった水は、新たな滝を形成している。

　すごいものを見た。そんな思いでいっぱいになった。次のグループが展望スペースにやってきたので帰り支度をしていると、突然の雨。みるみる滝は雲に隠れ、まったく見えなくなってしまった。普段はこんな感じで見えないときが多いんだと、ガイドはいう。自然を楽しもうと出かけても、天候次第ではきたこと自体を後悔することだってある。今回は天気が味方してくれて、本当によかった。なにせここを訪れるためだけに、ベネズエラにきたようなものだから。

1本の木をくり抜いてつくられる舟。
いまでも手作業が中心。

決死の覚悟でサポ滝をくぐる

最終日、一気にスタート地点近くまで川を下り、初日にいけなかったサポ滝（Salto El Sapo）へ。おまけ程度に考えていたこの滝、じつはとんでもない場所だった。なんと、滝の裏側にある狭い通路を歩くことができるのだ。歩く、といってもそう簡単なことではない。水の勢いが強すぎて、ものすごく強烈な水しぶきで覆われている。ときにはバケツをひっくり返したような水が襲ってきて、まるで「戦後最大の台風の中を、傘も差さずに歩いている」ような感じ。メガネなんて気をつけないと吹っ飛びそうだし、そもそもまともに目を開けていられないほど。息もほとんどできなくて、窒息しそうになる。そんなところを決死の覚悟で抜けると、やっとのことでサポ滝の正面に出る。あぁこの裏を歩いていたのかと、感慨深い気持ちになる。

日本ではこのようなアトラクションは、観光としての認可が下りることはまずないだろう。しかし、厳しい自然の中を必死でしがみつくように歩いたあとに待っているごほうびは、ただてくてく歩いて出会えるものよりもずっと強烈に心に響く。ベネズエラはそんな手つかずの自然と絶景がいっぱいの、とんでもないところなのだった。

→ next trip!

カナイマの対岸に浮かぶ島にあるサボ滝。

街路樹の続く通りで繰り広げられる、激しい太鼓のリズム。
趣のある家々と、美しい雑貨に心を奪われ、
ほんわかあたたかい気分で過ごした時間。
フェリーで気軽に出かけた、たった1日だけのウルグアイへの旅。

Colonia

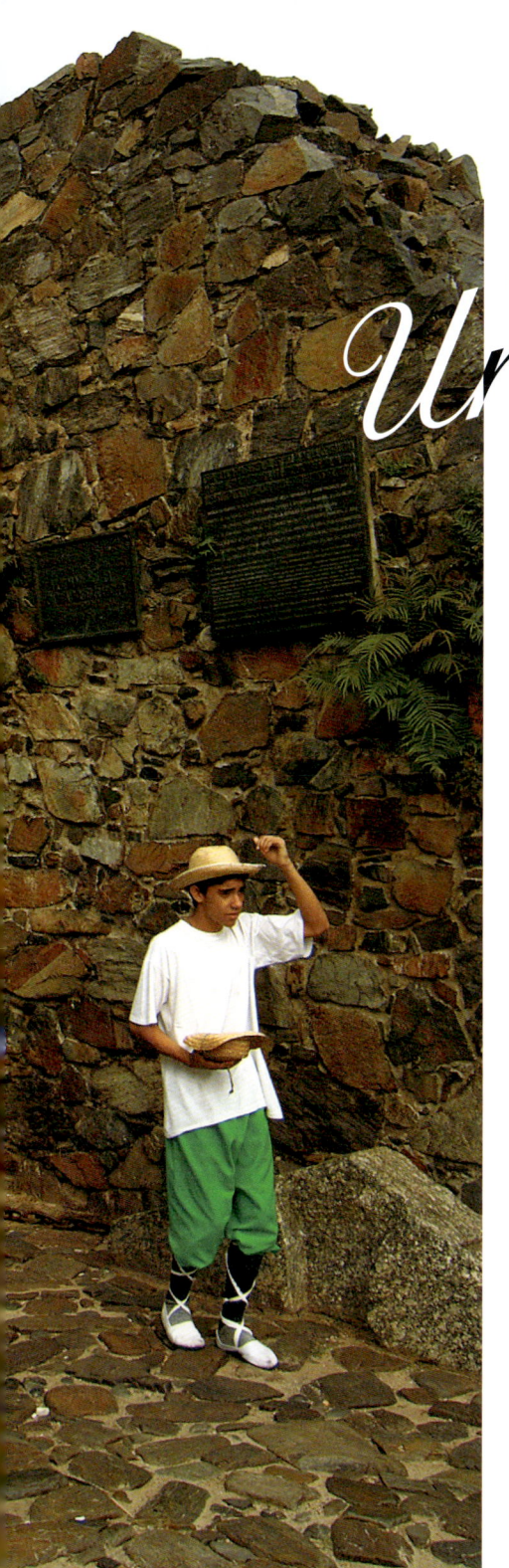

ウルグアイ
Uruguay

散歩気分で国境越えて

　旅のルートの都合上、訪れる予定ではなかったウルグアイ。しかしアルゼンチンのブエノス・アイレス（Buenos Aires）に滞在中、日帰りでいけると知って、早速ウルグアイへのツアーを扱っている旅行会社でチケットを買う。出発当日、いつもより早起きしてフェリー乗り場へ。出国手続きを済ませて船に乗り込み、目指すは対岸の港町、コロニア（Colonia）。

　まずはバスに乗って市内をぐるっと観光。1時間ほどかけてまわったら、今度はバスを降りて旧市街へ向かって歩く。すると、遠くから太鼓の音が聞こえてきた。若者が集まってジャンベでも叩いているのだろうと思っていたら、その正体はカンドンベ（candombe）。大中小3種類の太鼓を使った、ウルグアイの民族音楽だ。街を練り歩きながら演奏し、激しいリズムに合わせて軽やかなステップを刻むおばあちゃんたち。ものすごい迫力にすっかり歩くことを放棄し、見入ってしまった。

　旧市街に到着し、ここからは自由時間。

背の高い街路樹が続く、閑静な通り。

ゆっくり自分のペースで見てまわる。昼下がりの旧市街の広場のステージでは、なごやかなショータイムの真っ最中。それを芝生に座ったり、寝ころんだりしながら見ている人々。まわりにある高い建物は灯台ぐらいなので、空が広く感じる。デコボコした石畳の道の両脇には、ずらっと街路樹が続く。ポルトガル統治時代に建てられた家の、なんとも趣のあるたたずまい。なにかが特別よい、というのではなく、街全体がなんとなく心地よい。1日だけでも、ここにきてよかった。

そしてもうひとつの嬉しい収穫は、民芸品のクオリティの高さ。これまで見てきた中南米のほかの国では、デザインがいまいちだったり、仕上げが甘いことが多かったりしただけに、これには大興奮。見るだけのつもりでお店に入ったのに、どれを買おうかと真剣に悩んでしまうほど。しかも、わざわざウルグアイの通貨に両替しなくても、アルゼンチンペソを使えるお店がほとんど。困った！ バスケットや、ワインホルダー、絵などさんざん目移りして迷った挙句、結局買うのはあきらめた。その理由は、欲しいものがどれも大きくて、旅のあいだずっと持ち歩くのは厳しいと判断したから。帰国が目前だったら、いろいろと買って帰りたかったな……。

日も暮れ始め、帰る時間が近づいてきた。集合場所へ向かって歩いていると、さっきよりさらに迫力に満ちたカンドンベの音が！

音のするほうへ走っていくと、子供から大人まで総勢30名ほどの編成で、太鼓を激しく打ち鳴らしながら行進している。見事なバチさばきで繰り広げられる、ダイナミックなリズムの嵐。黙って聞いていられず、体が勝手に動いてしまう。もっと見ていたいけど、もう戻らなきゃ。うしろ髪を引かれる思いで、その場を立ち去った。今度くるときはもっとゆっくり滞在しようと、心に誓って。

個性的な絵や雑貨が並ぶ民芸店。

沈みゆく夕日を眺めに、
海岸沿いに人が集まる。

慣れない異国の地に海を越えて渡ってきたかつての日本人たち。
荒れた土地を耕し作物を植え、一生懸命暮らしてきた彼らは、
パラグアイ人からも一目置かれる存在。
強くやさしいその笑顔は、太陽の光よりもずっとまぶしい。

Paraguay
パラグアイ

Yguazú

異国の中のちいさな日本

　日本語を日常的に話すのは、なにも日本に住む人だけではない。

　日系移民といわれる彼らは海を渡り、さまざまな理由からここパラグアイで暮らすことを選んだ。異国の地でいったいどんな暮らしをしているのだろう。並々ならぬ興味を抱いて、パラグアイの日本人居住区のひとつ、イグアス（Yguazú）居住区にやってきた。

　イグアス、と聞いて思い浮かぶのはかの有名なイグアスの滝。しかしこのイグアス居住区は、滝にいくための拠点の街というわけではない。しかも地元の人に「イグアス居住区にいきたい」といっても通じない。幹線道路の「41km地点で降ろして」と伝えてバスの停まる場所、それがちょうど居住区の入口だ。

　しかしうっかりやってしまった。到着した日は金曜の夕方、たいてい土日は多くのお店が休みとなり、街は閑散とした雰囲気になる。いままでもその憂き目にあっていたはずなのに、すっかり忘れていた。

81

ここでお世話になるのは日系移民の方が営んでいる宿。少し休憩してから早速散歩へ。平日である今日のうちに街を見ておかないと、ここにきた意味がなくなってしまう。が、時すでに遅し、ほとんどのお店が閉まっている。楽しみにしていた、日本食材を販売している農協併設のスーパーも営業終了。近くにある日本語学校にもひとけがなく、結局唯一見られたのが赤土の大地に映える、とても美しい夕焼けの空だった。

　翌日、もしかしたら午前中だけなら開いているかも、という淡い期待を抱いてふたたび散策。昨日に引き続き閉まっているところが多く、またしてもお目当ての農協のスーパーはやっていない。またまたガッカリだが、公園の入口にある鳥居やら道端に咲く花を見ながら散歩をしていると「こんにちは」と小学生ぐらいの子に挨拶され、こちらも慌てて「こんにちは」。そして思わず微笑んでしまう。

　宿に戻ると、我々が退屈をしているのではと心配した宿の方から嬉しいお誘いが。明日、近くに住んでいるおじいさんとおばあさんの家にいこうというのだ。移民として日本から渡ってきた彼らと話す機会に、一も二もなく飛びついた。翌日、突然の訪問にもイヤな顔ひとつせず、さあさあどうぞと挨拶もそこそこに風通しのいい家に招かれる。

　大豆やトウモロコシ、小麦などの畑作農業をして暮らしている彼らは20代前半のときに北海道からパラグアイに渡った。渡ってきた当初住んでいた土地は、やっとの思いで木を切って畑として整地したのに、いざ耕そうと鍬を入れても石ころがゴロゴロ出てきて、ちっとも農業には向かなかったそうだ。そこで40代のときに、農業に適した豊かな赤土の広がるいまの農地を手に入れて、引っ越してきたという。寒い北海道から、沖縄と同緯度にあるここイグアス居住区へと移ってきたおじいさん。暑さにまいっているのではと思っていたが、雪に囲まれた暮らしよりこっちのほうが半袖1枚で過ごせるしずっといい、と終始力説していた。

　それ以外にもパラグアイの主力産物の大

街のあちこちに咲いている、美しい花。

農協の前には、こんな夢いっぱいの標語が。

→ *next trip!*

豆の話、ほかの国に渡っていった兄弟の話など話題は尽きない。おばあさんお手製の大福片手に耳を傾けているが、ちっとも堅苦しい感じはなく終始なごやかムード。最後に畑に連れていってもらう。これが畑？地平線が望める広い広い農地が見渡す限り広がっている。日本とのスケールの違いに驚き、畑の遠くを赤く染める夕焼けの美しさにため息をつきながら、赤土の道をがたがたと車で走る。だんだんと迫る夕闇にそれぞれが思いを馳せながら畑を見つめ、自然に車内はしんと静まりかえる。

本や資料で彼らのたどってきた道を知ることも大事。彼らのつくり上げてきた畑や施設を見ることも大事。でもその彼らと直接会って話すこと、これがいちばん大事でなによりも楽しい。

いままで遠い存在だった日系移民という言葉がちょっと身近に思えるようになった、今回の居住地滞在。赤土にまみれて散歩し、人々の親切に甘え、とてもリラックスして過ごした3日間。のんびりしていると、うっかり魂がどこかに飛んでいきそうな日々の連続だった。

泥風呂でゆったりリラックス。
ステキなカフェで、おいしいコーヒー片手にのんびりと。
危険なイメージがつきまとうコロンビアだが、じつは
上質なひとときを過ごすのに絶好の地であることは、あまり知られていない。

Colombia
コロンビア

いたわりプロジェクト

　長時間のバス移動が続くと、さすがに疲れがたまってくる。疲れがたまると、ゆとりがなくなる。旅においては健康第一、バテる前にしっかり心と体をいたわらねば。

　まずはコロンビア最大の観光地、カルタヘナ（Cartagena）へ。整備が行き届いた活気のある旧市街を歩く。カラフルな街並に独特のバルコニーを備えた建物。ところどころに広場があり、そのまわりには雰囲気のよいカフェ。日中は年間を通じて30度を超す暑さだが、夕方ともなると心地よい風があたりに流れる。しばらくここでのんびり過ごすだけで、心に栄養が染みわたるような気がしてくる。

　心の次には体。泥風呂につかって全身しっかり泥パックすべく、カルタヘナの郊外50kmほどにある、トトゥモの泥火山（Volcán de Lodo El Totumo）へお出かけ。

　のろのろがたがた走るオンボロバスに揺られること1時間半、バスを降りてバイクタクシーに乗り換える。見えてきたのは泥でできた小さな丘。周囲には何軒か食堂があるが、どの店も柱と屋根だけのとにかく簡素なつくりだ。泥風呂のある火山までの階段も、角材と板きれを駆使してつくった工作のような出来映え。もちろん段差もバラバラ。エステサロンでの泥パックとは雲泥の差だな、と思いながら上っていくと、すでに泥浴を満喫している先客がいた。目・鼻・口のまわり以外を泥で覆われている彼らは、さながら地底人のようだ。さっそく服を脱ぎ、我々も地底人の仲間入りをするべく足を入れる。

　泥はぬるぬる滑るうえに浮力があり、底に

左：美しい街並の続くカルタヘナ／右：この小さな火山のてっぺんに泥風呂が。

足がつかないのでうまく体のバランスが取れない。その場でじたばたもがいていると、地底人のひとりが腕をぐいっと引っ張り、そのまま仰向けになるよう誘導してくれる。

　人肌ほどにあたたまった泥風呂にぷかぷか浮かんでいると、体が徐々にリラックスしてくる。あー、気持ちいい、とくつろいでいると、頼んでもいないのにマッサージが始まった。おや？ と思って顔を上げると先ほど誘導してくれた地底人がニッと笑ってマッサージをしている。彼は泥につかりながら、お客を待っていたのだ。まんまと彼の戦略にはまったが、もう動けなくなってしまったので、そのまま身をゆだねることに。うっかりすると眠ってしまいそうな、夢心地のひととき。

　マッサージのあともしばらく泥浴を楽しみ、充分満足したところで洗い流すため近くの湖へ。たっぷり泥を含んだ体は予想以上に重く、よろよろしながら階段を下りる。湖には桶を持ったおばさんが待ち構えていて、背中流すよ！ と張り切ってアピール。もちろんチップは必要だが、この泥が意外と落ちなくて洗い流すのにひと苦労。だから彼女にまかせておけば楽に、キレイに泥を落とすことができる。

　木陰で着替えを済ませ、食堂でビールを飲めば旅の疲れもどこへやら。ただ難点は、帰りも再びのろのろがたがたのバスに揺られて、戻る頃にはもうぐったりしてしまうこと。あぁ、またいたわらなくっちゃ。

全身泥まみれで、
もはや性別不明。

カップ片手に過ごすひととき

　世界的に有名なコーヒーの産地、コロンビア。首都ボゴタ（Bogotá）は標高2600ｍの高地にある。太陽が顔をのぞかせる昼間でも、日陰に入ると空気はひんやり。こんなときにはあたたかい飲み物が恋しくなる。せっかくここまできたのなら、本場のコーヒーを堪能しないと。

　どこの街にもたくさんのカフェがあるコロンビア、ここボゴタも例外ではない。場所にもよるが、カフェの何軒か隣に別のカフェ、その先にまたカフェ、という具合に至るところカフェだらけ。そしてカフェのみならず、商店の店先や路上でもコーヒーを売る人がいて、どこでも気軽にコーヒーを楽しめる。泊まっている宿でもコーヒーは飲み放題だ。

　さて気になる味だが、さすが本場だけあってとてもおいしい。店によって多少の違いはあるものの、全体的にクオリティが高い。ほどよい苦みとコクがあり、印象に残るしっかりした味。値段はといえば、カフェ・ティント（café tinto）、いわゆるブラックコーヒーが安いところで400コロンビアペソ（約24円）、ちょっと上品な店でも2000コロンビアペソ（約120円）ほど。高いからおいしいというより、店の雰囲気で値段に差が出ているのだろう。安くても心底おいしいと思えるコーヒーもたくさんある。ちなみにカフェ・コン・レチェ（café con leche）と呼ばれるミルク入りコーヒーは、どの店もちょっぴりミルク多め。コーヒー本来の風味を味わうなら、断然ブラックで。

　コーヒーがウリの国だけに、日本ではあまりお目にかかれない、レモンを搾って飲むコーヒーや、コーヒー風味のヨーグルトなんて変わり種にも出会える。しかも、これが結構おいしい。

　白熱電球のやわらかい光の下、ほっとひと息つける空間で暖を取りながらくつろぐ時間。旅のあいだはつねに気を張って行動しているため、こういうちょっと休める場所はとても貴重。日記を書いたり、旅のルートを考えたりしながら、思い思いにのんびり過ごす。

　列車の車両を改造したカフェ、おいしいクレープが食べられるカフェなど、さまざまな店の味と雰囲気を求めて、1日にカフェを何軒もはしご。ここは、と思うところで長居をして、はたと気づく。あれ？　だんだんと目的がくつろぐことから、カフェめぐりにシフトしているような……。

→ *next trip!*

レモンを搾って飲む
変わり種コーヒー。

コーヒー豆がトレードマークの銀行。

コーヒー風味の
ヨーグルト。

定番のコーヒー、
カフェ・ティント。

89

地面に足がついていても、空を歩ける場所がある。
鏡の世界が一面に広がる、雨季のウユニ塩湖。
ほかにも緑色の湖など、絶景スポットがあちこちに。
ここにいくためだけでも、ボリビアを訪れる価値は絶対にある。

Bolivia
ボリビア

塩湖に広がる鏡の世界

　ボリビアには、見渡す限り真っ白い大地の広がる場所がある。雪原のようにも見えるが、その正体は世界最大の塩でできた湖、ウユニ塩湖（Salar de Uyuni）。

　この湖の観光シーズンは、乾季である6月から10月にかけて。ではシーズンオフの雨季にはどうなるのか。雨水が塩の大地を覆い、それが鏡のように一面に広がっていて、空を映し出す広大なパノラマとなって目の前に現れる。

　我々が訪れた2月は雨季真っ只中。しかし、梅雨のように1日中、雨が降り続くわけではない。ほぼ毎日、一時的に雨が降るだけなので、その時間帯を避ければ普通に出歩くことができる。天気の様子をうかがって、当日申込可能な日帰りツアーと、2泊3日をかけてチリへ抜けるツアーの両方に参加した。

まずは日帰りツアーへ

　その日はまずまずの天気。早速旅行会社に駆け込み、急いで準備をして出発。街の中心部を外れると、道路はどこもでこぼこでひどい状態。そんな道をたくましく進むランドクルーザーの中で、塩湖が見えてくるのをいまかいまかと待ち構える。ついに車は塩湖に到達。白一色の地面に鼻息を荒くし、感嘆の声を漏らしているあいだも、車はひたすら進む。そして地面が白色から透明に変わり始めたとき、興奮は最高潮に！　水しぶきがレンズにかかるのもお構いなしに、皆カメラを構えて窓の外に釘づけだ。その鏡の世界に降り立つ瞬間を、ドキドキしながら待つ……。が、車は止まる気配もなく走り続け、白い乾いた地面のところでようやく停車。「さあ、降りよう」。

　え？　鏡の世界を通り過ぎてここでストップ？　不思議に思いながら車を降りる。よく地面を見てみると、四角いきれいな塩の結晶がひしめき合い、日の光を受けてキラキラ輝いている。白い大地を、シャクシャク音を立てて歩いてみる。雪とは違う、そのまぶしい白。しばらくこの塩の大地を堪能して、上空から見ると魚の形をしている「魚の島（Isla del Pescado）」へ移動。

　じつは、ここに目指していた鏡の世界が待っていた。もちろん、到着した瞬間に雄叫びをあげたのはいうまでもない。

しばらくのあいだ、鏡の世界で遊ぶ。遠くを見ると水平線の境目が曖昧で、空に浮かぶ雲や周囲の山が、天にも地にも同じような姿で見えている。だから黙って立っているだけでも、ふわふわ浮いているような不思議な感覚。足下を見て、遠くを見て、首を忙しく上下に動かして、ふと気づく。ただ突っ立っているだけの人が、とても絵になるのだ。彼らを被写体にカメラを構える。近くではだまし絵のような構図で撮ろうと、立ち位置を調整している人も。いい

p92：途中で立ち寄る鉄道の墓場には、役割を終えた車両が／p93上：降り立ったところは塩の採掘場／左下：雪のような、白く輝く塩の結晶／右下：結晶に触れたあと、乾くと真っ白に。

大人が人目も気にせずはしゃいでいて、思わず笑ってしまう。

さんざん遊び、さんざん日焼けをし、ドライバーお手製のリャマ肉のステーキでランチを済ませると、もう帰る時間。くたくたに疲れて、帰路につく車内はしんとしている。途中でもう一度乾いた地面に降りる。だいぶ日もかげってきた。

ランチはリャマ肉のステーキ。

2泊3日ツアーは絶景の連続

2度目のウユニ塩湖、今度は2泊3日のツアーでチリへ抜ける。

ウユニの街には約60もの旅行会社がある。長時間の旅だからこそ、どこへ申し込むかは慎重に選びたいところ。そこで無料で旅行会社のランキングを公表している、インフォメーションセンターへと向かった。

ランキングはアンケートを元に作成され、宿、食事、ガイドなど細かいチェック項目がある。なにを優先したいかを選択し、パソコンで見せてもらう。そのとき、いっしょにランキングを見ていた外国人ツーリストと意気投合。ツアー内容を検討し、旅行会社へいって翌日からのツアーを申し込む。

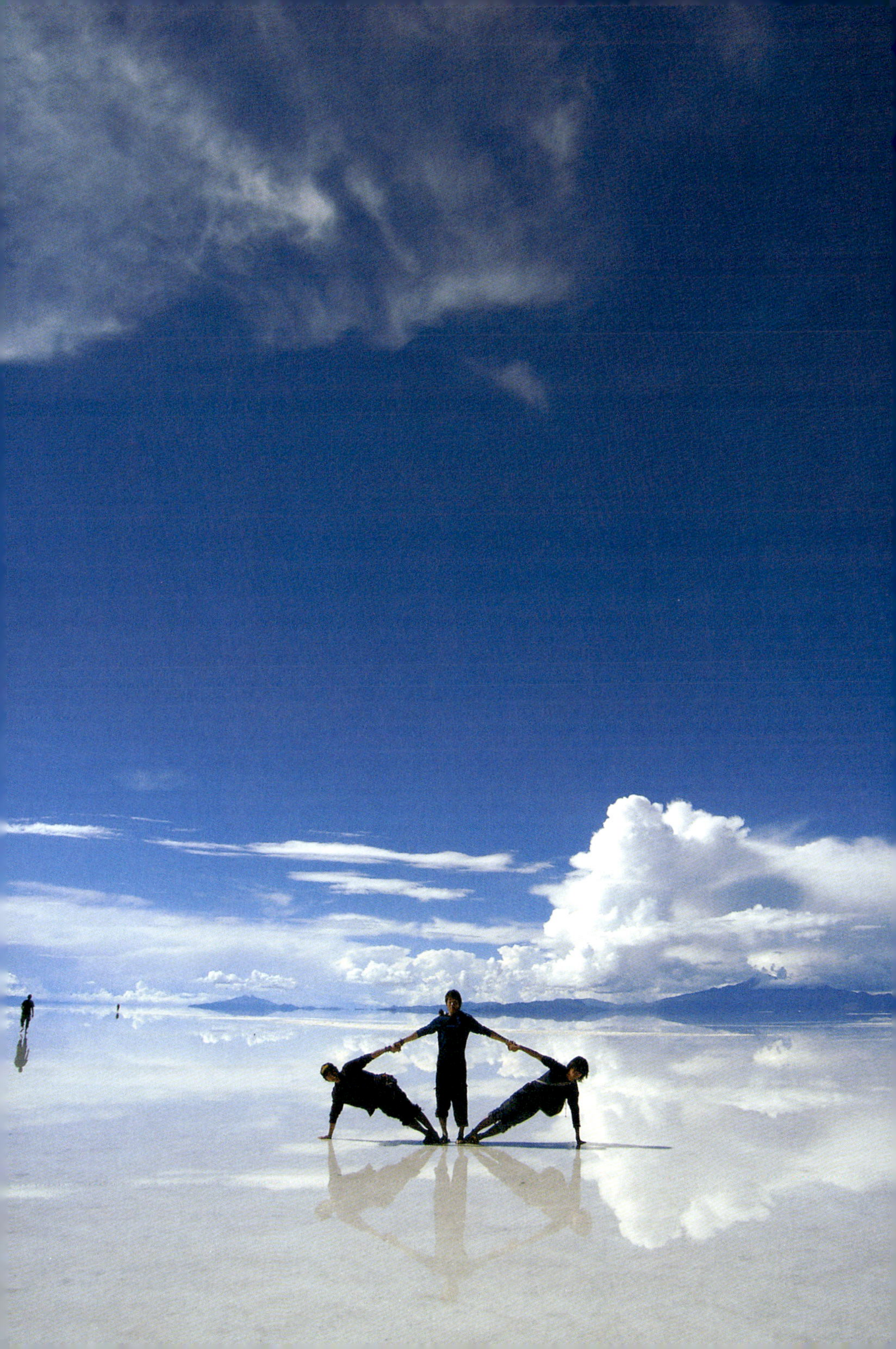

左上：温泉の向こうに昇る朝日／右上：くりくりした目がかわいらしい、ホテルにいた子供。
左下：緑色の水をたたえるラグーナ・ベルデ／右下：勢いよく煙を噴き出す間欠泉。

　1日目。前回より乾いたエリアが少なく、鏡の世界がひたすら続く。相変わらず宙を舞っている感じ。訪れたことがあるのに、それでもすごいすごいを連発して、はしゃいでしまう。
　塩湖を通り抜け、夜にはだだっ広い大地にぽつんと建つホテルへ到着。簡素な建物だが、寝室はシャワー付きの個室だし、電力も自家発電でまかなっているので不自由は感じない。車に積んできた食料を運ぶお手伝いをし、コックが調理をしているあいだ、持参したワインで乾杯。食事を済ませて外に出てみると、一面真っ暗闇。見上げれば満点の星空。4000m近い高地で乾燥しているためか、星のひとつひとつがくっきり見える。地平線まで続く星空。天の川を見ることができたのは、いつ以来だろう。
　2日目。ぽつぽつと奇岩の立つ大地を通過して、フラミンゴのコロニーがある、ラグーナ・コロラダ（Laguna Colorada）を目指す。湖の水を求めて、フラミンゴが休憩をしにやってくる。しかし人の気配を感じると、すぐに飛んでいってしまう。
　ホテルには夕方到着し、お茶をし

ながらおしゃべり。夕食のあとはまた星空を眺めに外へ出たが、翌朝は早くから行動開始のため、早めに就寝。

緑色の湖、ラグーナ・ベルデ

　3日目。早朝5時、まだ暗いうちに出発。気温はかろうじてプラスという寒いなか、間欠泉に立ち寄る。あたりに立ち込める硫黄の匂い。ものすごい勢いで吐き出される煙に、手をかざして暖を取る。それからしばらく車は走り、日本の援助を受けてつくられたという温泉へ。少々ぬるいが、久々につかった湯船は最高の幸せ。

　朝食を取ったら、チリとの国境に近い緑色の湖、ラグーナ・ベルデ（Laguna Verde）へ。もうすぐ終わるこのツアーを振り返りながら、しばらく淡い緑色の湖面を眺めていた。

　ついに国境へ。一帯には雪が積もり、一段と寒い。ここでドライバー、コックとはお別れ。ふたりとももの静かだけれども、つねに皆を気づかってくれた。頬と頬をつけ合ってお礼をいうと、さびしい気持ちになる。彼らは8時間かけて、再びきた道を戻る。そして我々は次の国へと向かう。

イミグレーションオフィスのまわりにはうっすらと雪が積もる。

鋭い山々に荒々しい氷河。
ユニークなデザインがいっぱいの市街地。
楽しいことをとことん楽しむアルゼンチン人には、オシャレな人も多い。
自然も街も人も充実しているアルゼンチンからは、今後も目が離せない。

Argentina

アルゼンチン

上：フィッツロイ山／下：ペリト・モレノ氷河。下に写った人の大きさと比較すればその巨大さにビックリ。
氷河が青く見えるのは、透明度が高すぎて、青色以外の色を吸収してしまうため。

美しく険しいパタゴニア

　パタゴニア（Patagonia）は、チリとアルゼンチンにまたがる南緯40度より南の地域のこと。日本の約3倍の面積を持ち、北側には大平原、パタゴニアらしい風景の雪山、氷河は南側に広がっている。

　荒野の中を、でこぼこの砂利道がまっすぐ果てしなくのびる国道40号線（Ruta 40）。この道をひたすら走り続け、夜遅くにたどり着いたのは、鋭く切り立った姿がりりしいフィッツロイ山（Monte Fitz Roy）の麓、エル・チャルテン（El Chaltén）の街。観光シーズンの夏が終わる3月にもかかわらず、たくさんのツーリストが滞在していた。

　街で1泊し、翌日フィッツロイ山を拝める展望台までハイキング。前日までは曇り続きだった天気が、この日はよく晴れていた。ゆるやかな登山道はきちんと整備されていて、鮮やかな緑に囲まれた中をのんびりペースで歩く。遠くには雪山が連なるという贅沢なロケーションだ。

　展望台に到着すると、一気に視界が開ける。頂上にうっすら雲がかかってはいるものの、鋭く険しい表情がひしひしと迫ってくる。言葉にならない声をあげ、しばしフィッツロイ山とのご対面を楽しむ。強風が雲を押しやり、その瞬間少しだけ全貌を見ることができた。まわりにいた人々も、慌ててカメラを構えて撮影タイム。

　次の日はペリト・モレノ氷河（Glaciar Perito Moreno）を見るべく、南へ約220kmのエル・カラファテ（El Calafate）へ。宿に到着して、氷河への行き方を調べる。ツアーに参加するより、レンタカーを借りていくほうが安上がりだと知り、同行メンバーを集めてその日のうちに氷河を訪れることに。ところどころで景色を楽しみつつ車を走らせ、約1時間半で到着。

　そこに広がっている光景は、スケールが大きすぎて全体を視界に収めることができない。なにせ氷河の高さは60m、奥ゆきは14kmもある。初めて見る青い色を放つ氷河の、予想以上の迫力に身震いする。ひとつの場所にとどまって見てはビューポイントを変え、そこでまたボーッと見続ける。

　この時期は、時折轟音とともに氷河の一部が崩落する。パキンという音が鳴り、次は乾いた音でカランカランと破片が転がり、最後にズザァーンと音を立てて湖面に落ちる。遠くで起こっているのに、間近に感じるほどの轟音だ。気づけば5時間近くもここで氷河が崩れ落ちるのを見続けていた。

世界最南端で、ペンギンに会う

　世界最南端の街、ウシュアイア(Ushuaia)に到着。ここでちょっとのんびり、英気を養うことにした。そして、ペンギンのいる島へと足をのばそう。

　ウシュアイアでお世話になるのは、日本人のおばあさんがやっている「上野山荘・上野大学・上野亭」と3つの名前を持つ宿。この街にはめぼしい観光スポットはそれほどない。しかし、五右衛門風呂や、宿のアットホームな雰囲気を求めて、この最果ての地で日本を味わおうと、日本人ツーリストがたくさん集う。昼間はマスコット犬と散歩をしたり、本を読んだり、のんびりと。夜には各自のつくった日本食を囲んで、お酒を飲みながらおしゃべりに花を咲かせる。快適で楽しいこの宿、長期滞在者が多いというのもうなずける。

　宿でしばらくゆっくりしたので、だいぶ疲れも取れてきた。そこで島まるごとペンギンの営巣地という、マルティージョ島(Isla Martillo)へ上陸できるツアーを申し込み、ペンギンに会いにいくことにした。船着場までの道すがらには、強風のためまっすぐにのびることができず、斜めに育った木が何本も。それだけここの自然は厳しいのだ。

　いよいよ船に乗り込み、ペンギンの待つマルティージョ島へ向けて出航。船の中では、ガイドから注意事項の説明がある。ペ

ンギンに負担をかけないよう、島での滞在は1時間。ペンギンからつねに3m以上離れて静かに歩き、触ってはいけない。単独行動も禁止。気を引き締めて到着を待っていると、小さなペンギンがよちよち歩きでいったりきたりしているのが見えてきた！

驚かせてはいけないからと、船から降りる際にはひとりずつ、なるべく音を立てないようそっと上陸。先ほどのペンギンは生まれて3カ月のマゼランペンギンだと、ガイドがささやくように教えてくれる。人を恐れる様子もなく、海に入ったり、走ったりして遊んでいる。その近くで、土の中につくった巣から、つがいのマゼランペンギンが顔を出す。一挙一動が、とにかくかわいい。

ガイドのあとを追って島を歩いていると、黄色のくちばしを持つジェンツーペンギンもお目見え。マゼランペンギンに比べると、ひとまわり体が大きい。

ずっと見ていたかったが、あっという間に1時間が経過。とはいえ、少しでもペンギンと長くいようと、誰もその場から動こうとはしない。ガイドに促され、牛歩戦術さながらのじりじりペースで仕方なく船に戻るのであった。

デザインパラダイス

首都ブエノス・アイレス (Buenos Aires) には、いつも刺激があふれている。ことデザインから発せられる熱気は、相当なもの。そんな刺激に満ちたブエノス・アイレスで、面白い情報を求めてまずはインフォメーションへ。おすすめスポットをいろいろと教えてもらい、そのなかで気になった、3つの地区へ出かけてみた。

緑に囲まれた高級住宅街、レコレータ地区 (Barrio Recoleta)。ここで毎週土曜日に開かれるフェリア (Feria) と呼ばれる定期市では、アーティストたちが自らの作品を販売している。カバンやショールなどのファッション小物から、アクセサリー、雑貨などを売る店が公園内にびっしり並び、はるか先までその列は続く。まるで日本のデザインフェスタのよう。近くにはブエノス・アイレス・デザイン (Buenos Aires Design) というショッピングモールもあり、アーティストの1点ものや、インテリア雑貨、家具を扱うショップが多数集まる。

レコレータ地区に隣接した、オシャレなセレクトショップや、カフェの多いパレルモ地区 (Barrio Palermo)。ここにはラテンアメリカのアーティストの作品を集めた美術館、マルバ (malba) がある。「本当にオススメ！」と大プッシュされたマルバ、到着したのが夕方にもかかわらず、チケットを求めるオシャレな人たちの長い行列が。中に入ると、絵画より立体作品が多く、また奇抜でポップなものばかりなので見ていて飽きることがない。そのためか、子供連れできている人もちらほら。ミュージアムショップで扱う商品のセレクトも、品ぞろえも、充実していて大満足。

そして世界三大公園のひとつ、全長10kmに及ぶパレルモ公園 (Plaza Palermo) には、レトロモダンな外観のプラネタリウムがある。ほかにも、この公園内には動物園や日本庭園などがあり、ピクニックでやってきて、のんびり1日を過ごしたくなるようなところだった。

どっぷりニューデザインにつかったら、しっとりとした古いものにも目を向けたい。毎週日曜日に開かれる、サン・テルモ地区 (Barrio San Telmo) の骨董市。古道具だけでなく、大道芸や、これまた自分の作品を売りにくるアーティストが集まって、本当ににぎやかだ。趣のあるアンティークの品々を見ていると、どこからかバンドネオンの音色が。近くの市場で、若いグループがタンゴの演奏をしている。予想外の素晴らしいライブに、演奏終了後には大きな拍手を送る。

海外に移住するとしたら、上位で候補に挙げたいブエノス・アイレス。こんなデザインとアートと音楽の根づく街には、まだまだ面白いものがたっぷり詰まっていそうな予感。

左：見ているだけでわくわくする、骨董市の露店／下：レコレータ地区にある、大きな花のオブジェはブエノス・アイレスの新しい顔。

通行人が釘づけ。
強風の日を演じる
パフォーマンス。

酔っ払いの人形を、おそろいの
衣装で操る大道芸人。

ライオンに触れて楽しむ動物園

　動物園といったら、普通は檻を挟んで動物を見るだけ、のはず。しかし、ブエノス・アイレスからバスで約1時間半のルハン（Luján）にある動物園は、直接ライオンに触れることができるという。大丈夫？　襲われたりしない？　でも、ライオンに触れられるって魅力的。

　思ったより素朴なたたずまいのルハン動物園（Zoo Luján）。エサを買って中へ入ると、放し飼いのリャマがお出迎え。ここではエサを自分であげられるので、食べている姿もじっくり観察できる。適当にエサをあげながら奥へ進むと、ライオンの檻を発見。中には赤ちゃんライオンが。手荷物を外に置くように指示され、恐る恐る檻の中へ。かわいい！　毛がふわふわしていて気持ちよく、なでるのをやめられない。

　隣にはもうひとつライオンの檻があり、こちらには体の大きなライオンがいる。あれ？　よく見ると1匹だけ明らかに違う動物がいる。犬だ！　じつはこの犬がライオンたちの育ての親。人間以外の動物が檻に近づこうものなら、ライオンを守ろうと大声で吠えまくる。親だと思っている犬と、すでに親よりも大きく成長したライオンが同居する光景は、ちょっぴり不思議。

檻の外にもトラ。首にはチェーンが巻かれている。

さらに奥へいくと、今度はトラのいる大きな檻。眠っているとはいえ、大人のトラはさすがに迫力満点。万が一のことがあったら、と思うより好奇心が勝り、しっかりおなかのあたりをなでる。それにしても、この動物園はトラとライオンの檻だらけ。なかにはトラとライオンがいっしょに入っているところも。

その後もラクダやゾウに乗ったり、サルを肩に乗せたりして動物と触れ合う。極めつけは、通路でエサをおねだりしているアザラシ。エサをもらうだけもらって、飼育員に引きずられてようやく水の中へと戻っていった。

動物に触れられることが魅力のルハン動物園。それ以外に、飼育員のサービス精神が旺盛なところも素晴らしいポイント。いつも笑顔を絶やさず、フレンドリーに話しかけてきて、進んで写真を撮ってくれる。それでいて、園内にはチップは一切受け取りません、なんて張り紙が。本当に気持ちよく遊べるこの素晴らしい動物園のために、アルゼンチンにいくというのもアリかもしれない。

※ルハン動物園へのアクセス情報 → p.161

立派なたてがみのオスライオンに触るときも、飼育員の人が横についていてくれるので安心。

柵の隙間から、こんにちは。おねだりヤギがご挨拶。

好奇心旺盛な子供のリャマ。

滝の中へまっしぐら

　アルゼンチンとブラジルにまたがる世界三大瀑布のひとつ、イグアスの滝(Cataratas del Iguazú)。どちらの国からもその雄姿は拝めるが、それぞれ異なった特徴を持つ。ひとつひとつの滝の全景がどーんと見られるブラジル側。対してアルゼンチン側は、大小さまざまな滝のあいだを縫うようにして掛けられた遊歩道を歩きながら、間近でその景観を楽しむことができる。さらに全身ずぶ濡れ必至、激流の滝にボートで突っ込んでいくという、とんでもないツアーも用意されている。

　アルゼンチン側の滝へいくには、プエルト・イグアス(Puerto Iguazú)の街からバスに乗る。イグアスの滝は国立公園に指定されているため、きちんと整備が行き届いている。園内にはたくさんの案内板があり、その絵文字のかわいいこと。それを頼りに、

→ next trip !

園内を走る列車に乗り込んで終点まで。ここからは遊歩道をてくてく歩く。絶えずまわりをひらひら舞っている、色とりどりの蝶の群れ。ちょっと休もうかと立ち止まろうものなら、たちまち頭や、手のひらに着地する。蝶とたわむれながらしばらくいくと、アルゼンチン側最大の見どころである滝、「悪魔の喉笛（Garganta del Diablo）」が見えてくる。

水煙で真っ白にかすむビューポイントは、おなかに響く轟音と、たくさんの歓声に包まれている。たまに視界がクリアになるときを狙って、カメラのレンズにつく水滴と格闘しながら、柵に寄りかかって何枚も写真を撮る。すでに顔も体もびしょびしょだ。ものすごい量の水がはるか下へと落ちていくのを見ていると、心がスーッと落ち着いていく。

心ゆくまで滝を眺めたら、いよいよボートツアーへ。階段をどんどん下りて、川岸までやってきた。お金を払い、係の人からライフジャケットと、手荷物を入れる防水バッグをもらう。しかし困った。水着は持ってきたものの、着替える場所がない。どうしようか悩んでいると、「もう出発するぞ！」と船長の大きな声。仕方ない、洋服を着たまま乗ってしまえ。

船長の挨拶の最中も、ほかの同乗者たちは記念撮影に余念がない。浮かれ気分が漂うなか、ついに滝の目の前までやってきた。「悪魔の喉笛」に比べれば小さいとはいえ、間近で見る滝は相当の迫力。そして、一気に滝の中へ！ぶたれたかと思うほど強い衝撃の流れに、思わず声をあげる。しかし口を開けば大量の水が入り込んでくるわ、目は開けていられないわ、もうなにがなんだかわからない。激流から脱出したときには、一瞬放心。その後一同大爆笑。乗船時よりもにぎやかになり、「もう1回！」という声がわき起こる。

そして別の滝へ、2度目の突入。またもや激流が襲ってくる。ごぼごぼと口の中に水が入り、息ができない。外へ出たらまた放心、そして爆笑。10分少々で、すっかり身も心も清められたこのツアー。その後、ずぶ濡れの姿で帰ることさえなければ、バッチリ楽しい思い出になったのに。

全身ずぶ濡れで
ボートを降りる。

109

ペルーはバラエティに富んだ観光大国。
古代文明の素晴らしさに感嘆し、
つつましい暮らしを続ける人たちと出会い、
ときには思いっきり体を動かして自然に触れる。
訪れた場所から得られるものは、計り知れないほど貴重。

Perú

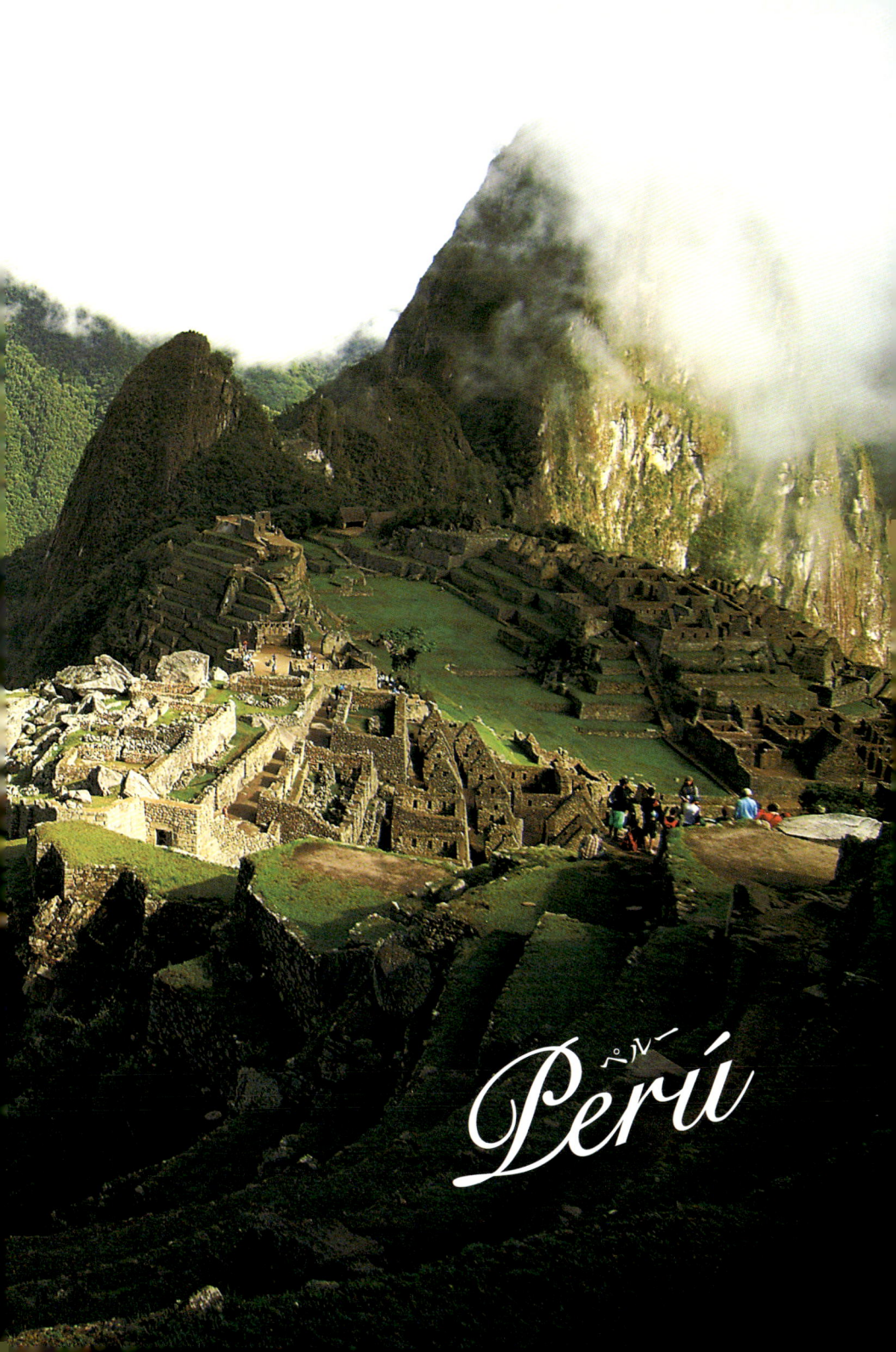

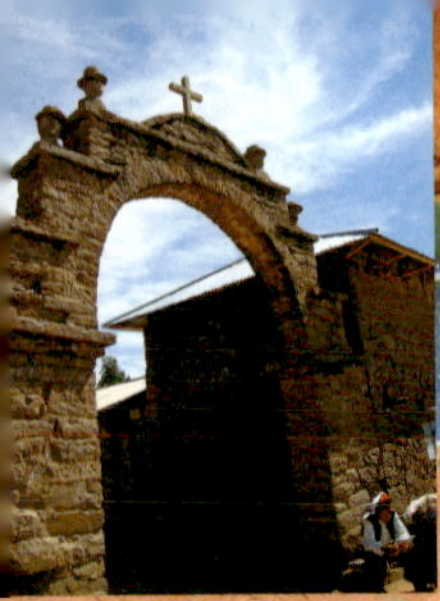
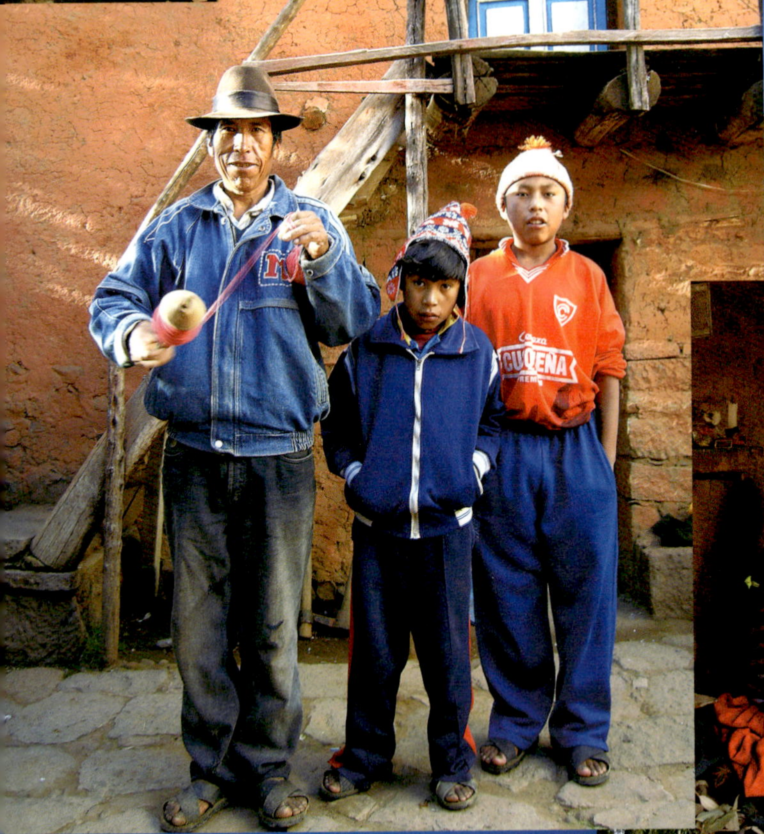
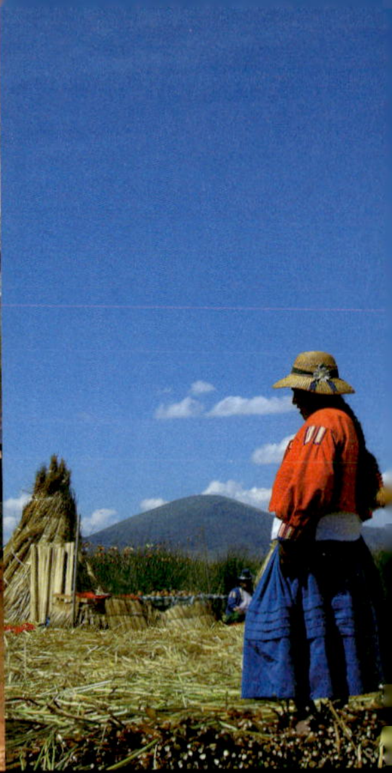
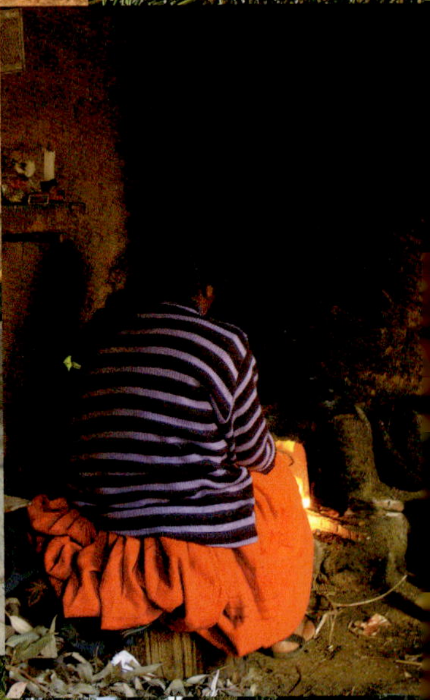
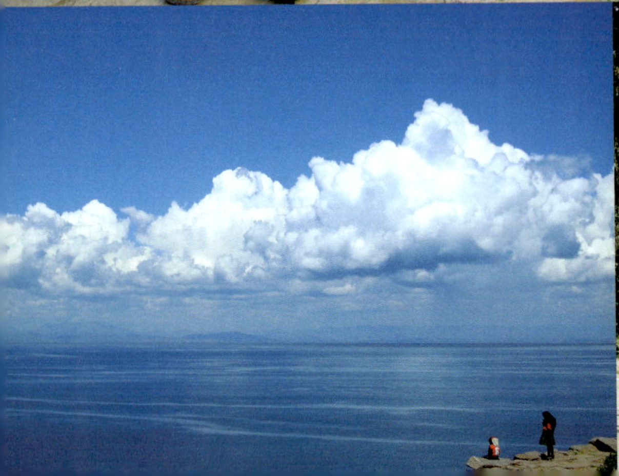
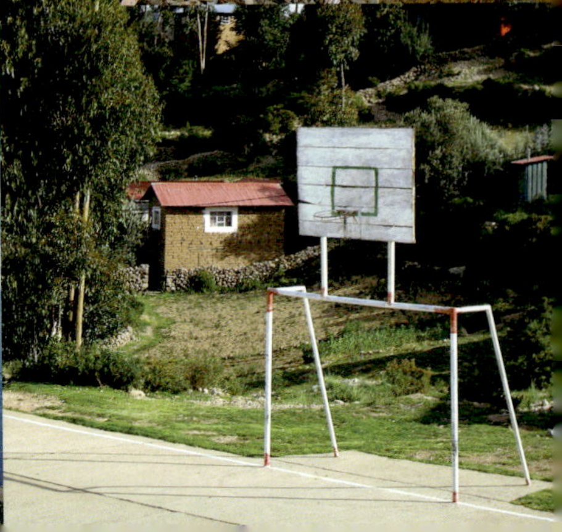

湖に浮かぶ島めぐり

　富士山頂より高いところに位置するチチカカ湖(Lago Titicaca)。この湖に浮かぶ島々を船でめぐる1泊2日のツアーに参加して、現地のお宅にホームステイ。

　まず最初に訪れたのは、トトラ(totora)と呼ばれる葦を積み重ねてできた浮き島群、ウロス島(Islas los Uros)。大小さまざまな島々では、土台、家、お土産、家畜のエサに至るまで、周囲にたくさん生えているトトラでまかなっているというから驚きだ。さらにこのトトラ、島民の貴重な食料でもある。食べてみると少し筋っぽいがみずみずしく、やわらかくて味の薄いサトウキビのよう。島の維持はというと、水につかっている部分が腐ってきたら、新たに地上にトトラを積み重ねて保っているとのこと。ただし、島によっては土台にペットボトルを使用して浮かばせているそうだ。

　ウロス島から3時間半、船はホームステイ先のあるアマンタニ島(Isla Amantaní)に到着。ホストファミリーを紹介され、そのお宅で昼食をいただく。スープの中に、プチプチと不思議な食感のものが入っている。キヌアという、非常に栄養価の高い穀物だ。どうやらNASAが21世紀の主食になる、と注目しているらしい。昼食後は標高4200mの山の上にある遺跡までいき、夕焼けを堪能。夜は民族衣装を着させてもらってのダンスパーティと、イベントが盛りだくさん。電気は特別なときにしか使えないこの島。ダンスを終えた帰り道、見上げると数え切れないほどの星が空に広がっていた。

　翌日は隣のタキーレ島(Isla Taquile)へ。島の中心部へ続く長い長い階段を、ゆっくりと上っていく。足下をしっかり見て歩かないと、つまずいてしまいそうなでこぼこ道。途中、編み物をしながら歩いている女性とすれ違う。器用だなあ、と感心していると、見晴らしのいい場所にたどり着く。真っ青に広がるチチカカ湖と、鮮やかな民族衣装の色が目にまぶしい。

　いまでも先住民の言葉を話し、つつましい暮らしを続ける島の人たち。そんな彼らの心のこもったおもてなしと、はにかんだ笑顔をきっとずっと忘れない。

p 112左上から時計まわりに：タキーレ島の中心部入口／アマンタニ島のホストファミリー／ウロス島の女性／ホストファミリーが食事の準備中／アマンタニ島の広場にあるゴール／タキーレ島の高台から湖を眺める／p 113：トトラでできた船は、とても頑丈。

空中都市、マチュピチュへ

　観光資源豊富なペルー。なかでも人気の高い、空中都市と呼ばれるインカの遺跡、マチュピチュ（Machu Picchu）に期待をかける。

　それにしても、マチュピチュへいくのには結構なお金がかかる。マチュピチュ観光起点の街、クスコ（Cuzco）から麓のマチュピチュ村まで鉄道を使うと、安くても往復でUS 70ドル近くかかる。現地に住む人の約10倍の外国人プライスだ。1日に使える予算をはるかに超えるので、すんなり払うわけにはいかない。そこでいろいろと調べ、バスと列車を乗り継ぎ、麓の村からマチュピチュまでは自分の足で登ることに決めた。これが金銭的にも体力的にも、我々にとって最良の方法という結論に至ったから。

　まずはバスで途中にあるオリャンタイタンボ（Ollantaytambo）まで向かい、そこで列車に乗り換える。価格の安い列車（往復US 44ドル）は夜20時発のみ。それまでお茶を飲んで時間をつぶし、改札が開いたら列車に乗り込む。車内は真っ暗、自分の座席を探すのにもひと苦労。なぜこんなに暗いのだろう、と思っていると、出発間際にようやく点灯。こんな節約の仕方ってあるのだろうか……。少し切ない気分になったが、翌日はマチュピチュかと思うとうきうきしてくる。

　2時間ほどでマチュピチュ村へ到着。夜も遅いというのに、駅にはたくさんの宿の客

引きが待ち構えている。場所や値段を確認して、ようやくチェックイン。なんだかんだで疲れているのに、興奮してなかなか寝つけない。

ひたすら石段を上る

翌朝は4時起床。寝不足で重い体を引きずり、まだ夜も明けきらぬうちから歩いて、400m上にあるマチュピチュを目指す。朝露がしたたり落ちるなか、まだ大した距離も歩いてはいないのに、滝のような汗が流れる。ひたすら続く石段は、三十路の足腰に容赦なく響く。膝に手を当て、背を丸めながら歩いては立ち止まりを繰り返していると、同じように苦しそうな顔をしたツーリストと出くわす。「オラ！」というのが精一杯でも、そこで芽生える連帯感は楽しい。

節約というのはかくも苦しいものなのかと自問しつつ、時折見上げてはだんだんと頂上が近づいているのを励みに、一歩一歩しぼり出すように歩を進める。約1時間半かけて到着した頂上には、苦行を乗り越え菩薩のような表情の節約徒歩チームと、バスで楽々やってきた涼しい顔のバスチームが入り交じって、マチュピチュへの期待を膨らませている。持参したパンで腹ごしらえをしてトイレを済ませ、準備万端、マチュピチュのエントランスをくぐる。

いっしょに石段を上った野良犬。

いざマチュピチュへ

　雲に包まれたマチュピチュは、ところどころ青空がのぞくもののひんやりしている。まずは全景を望むべく「見張り小屋」へいってみようか。せっかくならドヒャー、まいった！　という大きな衝撃を受けたい。なるべくまわりには目を向けず、自分の足下だけを見ながら歩く。

　たどり着いて顔を上げると、そこにはゆっくりと雲の中から姿を見せるマチュピチュが。次第にクリアになっていくその姿をしっかり見ていたいのに、圧倒されてしまってどこに焦点を定めていいのかわからない。美しいとか素晴らしいとか思う余裕もなく、心の中が空っぽになったまま突っ立っているだけ。正気に戻ったら戻ったで写真を撮るのに忙しく、やはり感想なんて思い浮かばない。

　雲に隠れたり、目の前にまた現れたりを繰り返すうち、あたりがどんどん晴れてきた。日も昇り始めて、朝ならではの輪郭の

くっきりした姿から、徐々にやわらかい印象へと変わる様もまた面白く、気づけば2時間もそこに居座っていた。

背後にあるワイナピチュ

この空中都市を違う角度からも見てみたいと思い、マチュピチュの背後にそびえる、さらに300m上の山、ワイナピチュ(Huayna Picchu)にも登ることに。クタクタでこれ以上歩けないと思っているのに、心ではゴーサイン。多少無理をしても後悔はしたくない。しかし登り始めて5分でひどく後悔する。毎年落下事故が起こるというワイナピチュは、非常に険しい。下りてくる人に道を譲るという名目でしょっちゅう休憩し、途中で会った日本人に「もう少しですから！」と励まされ、なんとか登り続けた1時間。ようやくたどり着いたワイナピチュから見下ろすマチュピチュも、また格別。少ない土地を有効利用するために、周囲の段々畑が規則正しい間隔で広がっているのもよくわかる。

本日の体力を残らず出し切り、膝をガクガクさせながらワイナピチュをあとにする。そして見どころたくさんのマチュピチュを、フラフラしながら見てまわった。水路が張りめぐらされた集落には、儀式のための建物跡がところどころにあり、その中ではリャマが草を食んでいる。訪れている人の数はとても多いが、意外とのんびり歩ける。ガイドの説明を聞きながらのほうが、はるかに理解できるのだろうが、自分のペースでまわるのも悪くない。

じっくりマチュピチュを満喫したので帰ることにした。もうこれ以上歩けないと判断して、帰りはちょっと奮発してバスに乗る。

歴史的価値、希少性など、遺跡としての素晴らしさはいわずもがな。しかし我々は古代にロマンを馳せるというより、一大パノラマアスレチックエンターテインメントとしてマチュピチュを楽しんだような気がする。おじいさんは杖をつきながら、じっくりと見て歩く。子供はマチュピチュの中を元気に駆けまわる。それぞれがそれぞれの楽しみ方で見てまわることのできる遺跡、かなり貴重な存在だ。

上:リャマのたたずまいもどこか神秘的／下:ワイナピチュの頂上にある特等席。

細長いユニークな形をした国土の中に、砂漠も氷河も
存在するチリ。環境の変化をしっかり肌で感じれば、
次第に見えてくる丁寧な暮らしぶり。自然を愛し、
古いものを大事にし、そこから生まれるなにかを見つける旅へ。

Chile
チリ

トタン民家と青空アート

　チリでおすすめの場所は？ と尋ねると、「バルパライソ(Valparaíso)！」という答をよく耳にする。

　世界中を渡り歩いた旅人が、ここになら居を構えて落ち着いてもいいという街。錆びたトタンの外壁と、色とりどりにペイントされた家々のあいだをそぞろ歩くのが楽しい街。そしてアートを堪能できるというステキな楽しみもある、夏真っ盛りのバルパライソへ。

　街の中心部を取り囲むように、たくさんの丘がそびえるバルパライソ。丘のてっぺんまで上るために、アセンソール(ascensor)と呼ばれる、100年以上現役を務める傾斜型エレベーターがあちこちにある。タイムスリップしたかのような古い木の箱に乗って、頂上へ。そこから眺める海と、眼下に広がる街並もいいのだが、それに加えて絵が描かれた民家の壁や、塀が点在する場所がある。その名も「青空美術館(Museo a Cielo Abierto de Valparaíso)」。

　大胆なタッチのアート作品が、乾いた空気とギラギラした日差しという装置のおかげで、いきいきとして見える。ここでは屋内の美術館のように、だまりこくって難しい顔をして鑑賞する必要はない。20もの作品が設けられた青空美術館。そのコレクション以外にも、このあたりには至るところに壁画があふれ、そのうえ外壁がカラフルときている。そのため、この地区自体がにぎやかなキャンバスのようだ。そして、ところどころにふいに現れるトタンの家。この錆び色が

うまく全体を引き締め、単に派手というだけでなく味わい深いものに見せている。

　2003年にユネスコの世界遺産として登録されたバルパライソ。朽ちたまま放置されるものもあり、古い建物に手を入れて活かされるものもあり。そんな建物たちが醸し出す雰囲気のみならず、街自体の生きている感じがとても心地よい。ユネスコも粋な街を認定したものだ。

うろこ状の外壁に施された、
絶妙な配色のペイント。

122 Chile

うろこ模様のかわいい家

　チリの首都、サンティアゴ（Santiago）から南に約1000kmのところにあるチロエ島（Isla Grande de Chiloé）。名前の響きがかわいらしいこの島には、きっとあたたかい人々と素朴な暮らしが待っている。そんな気がして、日本を発つ前から気になっていたこの島へ、いそいそと出かけていった。

　バスは薄曇りの中を走ると、島へ渡るためのフェリーに乗り込んだ。吹きつける風は強いが、大きな揺れもなく静かに進む。ぼんやり海を眺めていると、なにかひょこひょこと黒いものが顔を覗かせている。もしかして、アザラシ？フェリーを体の大きな友達だと思ったのだろうか。しばらく近くで泳いでいたが、かまってもらえないとわかるとどこかにいってしまった。

　チロエ島に上陸すると、ポツポツと雨が降り始める。グレーの重たい雲がすっぽり島を覆っているのに、暗く陰鬱な感じがしないのが不思議だ。街が近づくと、民家が増えてくる。とてもかわいらしいおうち。そう、チロエの民家には「おうち」という言葉がしっくりくる。家々の外壁を覆ううろこ状の板、その上に塗られたやさしく淡い色。1年の大半が冬という、この地方を彩る花のように見えてくる。

　ここでぜひいきたかったのが、島の中央に位置するカストロ（Castro）の街のサン・フランシスコ教会（Iglesia de San Francisco）。外壁はトタン張り、中は木造というこの教会は、世界遺産にも登録されている。やわらかな曲線が印象的なドーム型の天井、太くて立派な円柱、彫刻の見事な建具。これらがすべて木でできていて、教会よりお寺になじみのある我々は、懐かしい気持ちが込み上げてくる。

　チロエ島に滞在した3日間、毎日雨が降り続いた。それでもあたたかい気持ちで過ごせたのは、やわらかい色合いのおうちから漂うぬくもり。そして、その家を大事にメンテナンスしながら暮らす人々の、豊かな心のおかげ。

下：木製品も手編みのものも素朴で、人のぬくもりがしっかり残っている。お土産を探すのも、チロエ島の楽しみのひとつ。

木のぬくもりが感じられる教会内部。

島を見守るモアイたち

　サンティアゴより西へ3700kmのイースター島（Isla de Pascua）は、いわずと知れたモアイの島。チリ本土からは飛行機でしかいけないことに加えて、主な物資はほとんど空輸に頼っているため、物価の高いチリにおいてさらにその倍の物価である場所。予算が限られていたため、当初いく予定ではなかった。しかしその後に計画を変更したのは、訪れた人がこぞって「いってよかった！」と絶賛したその魅力を確かめたくなったから。

　空の広さと、島特有の時間のゆるさが心地よい。ただ歩くのが楽しくて、ぶらぶらしていたら島の教会までやってきた。開け放たれた窓から入る風にあたりながら、ひと休み。丸太をそのまま活かした燭台や、ポリネシア風の顔立ちをしたキリスト像がほのぼのとした雰囲気。

　村内をひととおり歩いたら、今度はレンタカーで島をまわる。まずはオロンゴ（Orongo）と呼ばれる絶景ポイントへ。よく晴れた空と、その色を写し取ったかのような真っ青な海。天気のいい日にきたもんだと喜んでいたが、この天気はそれほど長くは続かなかった……。

　その後はモアイをひたすらめぐる。ちんまりしたモアイや、体しか残っていないモアイを見て歩く。それから

p 124左：たくさんのモアイが点在するラノ・ララク／右：お行儀よく正座するモアイ／p 125上：切り出している途中のまま、放置されたモアイ。

　400体近くが点在するモアイの製造工場跡といわれる山、ラノ・ララク（Rano Raraku）へ。お行儀よく正座するモアイには、思わずくすっと笑ってしまう。一方、製造途中のモアイは、とても生々しくてリアル。しかし徐々に天気が崩れてきたので、じっくり見たいのをこらえて、ラノ・ララクの頂上を目指す。どんどん強まる雨脚に追いつかれないように、ぐんぐんスピードを上げて登る。けれどもついには土砂降りの雨に変わり、弱まる気配がないためこの日はあきらめ、山を下りることにした。

　翌朝、朝焼けとモアイを見るべく、暗いうちから出発。どんよりした天気のために朝焼けは見られなかったが、雨は降っていなかったので再びラノ・ララクへ。早朝のせいか人影もなく、あたりは静まり返っている。うっすらもやがかかるなか、今度こそしっかりモアイとご対面。なかには宙を見つめるモアイや、おじぎをしているモアイもいて、そのポーズは千差万別。ただ、一方を見つめたままたたずむモアイは皆、大きくて強そうで、なにもかも見透かしているような感じがした。

　岩から切り出し途中のもの、また切り出したあとに放置されたもの。数百年のあいだずっと島を見守ってきたモアイ。その移り変わりに、なにを思うのだろう。

ジャングルでの伝統的な暮らしも、モダンな建物群で
埋め尽くされた都市も、両方共存するブラジルの魅力は、
その混沌とした多様性。しかし、訪れた人がこぞって虜になる
最大の魅力は、ブラジル人の陽気で親切な人柄かもしれない

Brasil
ブラジル

人が真ん中の街づくり

　ブラジル南部の街、クリチバ（Curitiba）の都市計画は世界からも注目の的。小さなことからコツコツと、という身近な格言が、こういった大規模な都市計画にも通用するなんて。しかもその発案者は当時大学生のグループだというから、ますます驚きだ。見事採用となったこのプランには、とても大事なことが盛り込まれていた。それは住む人を中心に据えた街づくりということ。

　街でたびたび目にするチューブ状のバス停。その美しいフォルムに思わず目が釘づけとなる。よく見ると、車椅子でも乗車可能なようにリフトが備えつけられていて、入口には料金を徴収する係員がいる。まるで小さな駅のようだ。3連結の長い車体のバスが到着し、ドアが開く。乗降時はノンステップのバリアフリーとなるため、車椅子だけでなく乳母車を押している人にもやさしい。もともとは地下鉄の設置を検討していたが、大規模な工事と莫大な費用がかかってしまう。そこでなんとか既存のものを活かそうと考えられたのが、この専用バスレーンを用いた公共交通システムだった。一度にたくさんの人を速く、安く移動させることができるため、じつに全市民の85％が利用しているという。

　しかしこのバスは市内の広範囲をカバーしているため、慣れないうちは乗りこなすのが少々難しい。そこでツーリストのために、市内の見どころを巡回する観光バスがある。これだとポルトガル語、英語、スペイン語のアナウンスが流れるので、気になったところで降りてじっくり見てまわることもできる。街の中心部を離れると、周囲に広が

通話する人がすっぽり。「大きな耳」という愛称の公衆電話。

るたくさんの緑。それもそのはず、クリチバの市民ひとり当たりの緑地面積は、ユネスコが都市に求める基準値の3倍もあるそうだ。郊外にはたくさんの公園があり、なかには洪水対策用の調節池を、公園としても利用可能なように整備したものもある。必要な施設にちょっとした要素を加えて楽しめるように、というのがクリチバの街づくりの特徴だと思う。先のチューブ状のバス停も効率だけでなく、見た目が楽しい、利用したいという気持ちにリンクしているような気がする。

さて、我々がバスを降りたところは建築学、環境学などが学べる、「環境大学（Universidade Livre do Meio Ambiente）」。アスレチック遊具のようなユニークな校舎を見学するために訪れる人も多い。入口からは学校だとは想像がつかないほど、自然があふれている。森の中に設置された歩道をずんずん進んでしばらくいくと、視界が開けて校舎と池が見えてくる。早速らせん状のスロープを上って、教室を見て歩く。心地よい風が吹くなか、屋上からは池が一望できる。こんな気持ちよい環境なら、学校に通うのもさぞかし楽しいだろう。

街は誰のためにあるのか。豊かな街に必要なものはなにか。この課題のテーマは「住む人」だと、しっかり認識して取り組んだクリチバのやさしさは、ツーリストの我々にもしっかり伝わってきた。

紙やビンなど、分別して捨てられるゴミ箱。

絶景の大都会を楽しみ尽くす

　美しい海岸線が続くリオ・デ・ジャネイロ（Rio de Janeiro）。都会とは思えない、素晴らしいロケーションのこの街には、観光ポイントが目白押し。ボサノバ発祥の地だけにライブを観にいくもよし。世界最大級のスタジアムで本場のサッカーを楽しむもよし。でも、まずはその美景を味わうべく、昼間の街へ繰り出す。

　さまざまなサーフポイントがあることでも知られるリオには、サーフバス（Surf Bus）なる各ポイントをめぐるバスがある。このバスにはボードを固定するラックが設置されていて、前方のテレビではサーフィンのDVDも上映。しかしかなり長いこと海岸線を走り続けるため、乗客は波の様子が気になって仕方ないようだ。

　にぎやかなビーチを走り抜け、徐々に人の少ないビーチ沿いへ。ひとり、そしてまたひとりとポイントで降りていくなか、終点のプライニャビーチ（Praia da Prainha）までやってきた。市街地から約1時間半、まるでどこかの島にきたかのような、自然いっぱいのビーチ。とても同じリオ市内とは思えないほどのどかだ。

　この日は快晴ながらも、波の状態はいまひとつ。それほど数は多くないが、遠巻きに見えるサーファーの見事なライディング。遠足気分の我々は、セクシーなビキニのブラジリアンを見ながら、昼からビールという贅沢なひとときを過ごす。ツーリストが珍しいのか、話しかけてくる人も何人かいた。そうこうするうちに、帰りのバスの時間になってしまった。

　いったん中心部まで戻ってきて、その足で今度はコルコバードの丘（Morro do Corcovado）へ。海抜710mもあるこの丘の頂上へは、登山電車に乗っていく。さすがに世界中からツーリストが押し寄せるだけあって、車内は超満員。急勾配をゆっくり登る電車。景色が開けると、乗客がいっせいにカメラを窓のほうに向ける。

　20分ほどで到着して、エスカレーターと階段を使って、キリスト像の足下にある展望スペースへ向かう。その大きさと、ツーリストの多さにも驚いたが、それ以上に眼下に広がる絶景に度肝を抜かれる。そして、リオが本当に特殊な地形だと実感する。入り組んだ海岸や、山、湖。高層ビルに、びっしりと並んだ家々。それらが視界の中に共存するのは、なんとも不思議で面白い。

　暗くなるのを待って、あかりの灯った街と、ライトアップされて闇に浮かび上がるキリスト像を見る。改めてリオの美しさにため息をついた。

上：プライニャビーチでは、ヨガをする人の姿も／下左：ライトアップされて闇に浮かび上がるキリスト像／下右：コルコバードの丘から、リオの街を望む。

下左：アカラジェというスナックを売っている露店／下中：迫力のあるリズムがおなかに響く／下右：フレッシュフルーツは、その場で搾ってカクテルに。

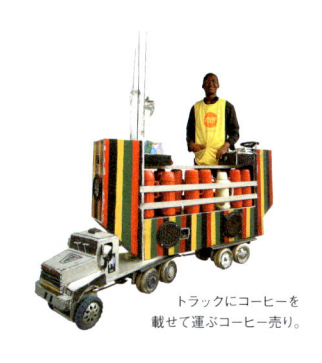

トラックにコーヒーを載せて運ぶコーヒー売り。

黒人の街に響くサンバの音色

　ブラジル最初の首都であるサルバドール（Salvador）を訪れずして、ブラジルを語るなかれ。

　住民の8割が黒人、もしくは黒人と先住民の混血という、ブラジルのなかでも珍しい人種構成。石畳の急な坂道に隙間なく並ぶ、コロニアルな美しい建物。そのため、ときに「黒人のローマ」と形容されるこの街は、サンバ発祥の地。夜の街に響くパーカッションのリズムから、その背後にあるものを感じて、もの思いにふける。

　毎週火曜日には祭のように盛り上がるというサルバドール。しかし普段の昼間はいたってのどか。ココナッツの実をモチーフにした公衆電話や、トラックの形をしたコーヒー屋台の集まる広場には、ぺちゃくちゃとおしゃべりをしている人がたくさん。

　ようやく待ち望んでいた火曜の夜がやってきた。中心部にあるジェズス広場（Terreiro de Jesus）へいってみると、露店が軒を連ねてにぎわい、小さな特設ステージでは、サンバからレゲエまでかわるがわる演奏が繰り広げられている。その音をBGMにビールで乾杯。5月で雨季だというのに雨に見舞われることもなく、気持ちのいい夜だ。

　広場以外の場所はどうなっているのだろう、とぶらついてみると、道の真ん中に華麗な手さばきでリズムを刻むサンバ隊を発見。地響きのように鳴り響くパーカッションの音に魅了され、観客も大興奮で彼らのあとをついて歩く。

　そろそろ帰ろうかと宿へ向かっていると、さっきよりも人数の多い編成のサンバ隊が演奏している。しかも全員女性！　その迫力に思わず足を止めて見入ってしまう。夜空に突き抜けるような高い音、ズシンとおなかに響く低い音。幾重にも重なった音から生まれる、複雑なリズム。パーカッションだけで表情豊かな音に変化させる彼らのテクニック、恐るべし。それにしても、どうしてこんなにも心に響くのだろう。

　もともとアフリカから奴隷としてこの地へやってきた彼らの祖先。彼らの持ち込んだ宗教、音楽などがブラジルの風土にとけ込み、独自の文化を築いてきた。遠い故郷を思い、素朴な打楽器をひたすら叩いて、労働から開放されるつかの間。音楽が心の糧だった背景を思うと、その迫力の中に込められたさまざまな思いが、時代を超えて伝わってくるようだ。だからこそ、妙に血が騒ぎ、心が揺さぶられ、熱狂せずにはいられないのだろう。そんな強烈なメッセージのこもったリズムが、サルバドールの夜をずっと漂っていた。

砂まみれ、星だらけ

　アスファルトの道路から未舗装の道へ、そして気づけば砂の上を走っているバス。まわりに民家はほとんどなく、たまに通る集落は電線が引かれているものの、あまり暮らしの匂いがしない。そんなところを一瞬で通り過ぎ、またひたすら砂浜を走り続ける。

　向こうに白い砂丘が見えてくると、周囲にはぽつぽつとレストランや宿が並び始める。ようやく到着したジェリコアコアラ(Jericoacoara)というかわいい名前の街は、メインストリートももちろん砂。宿の客引きがたくさん寄ってくるが、靴はおろか、サンダルすら履いていない。

　客引きのひとりに連れてこられた宿は、中心から歩いて5分ほどの場所だが、車がほとんど通らないのでとても静か。庭にはグァバや、アセロラ、ヤシの木などが生えている。テラスに腰掛けて庭を眺めるもよし、ヤシの木に結びつけられたハンモックに揺られるもよし。なにもしなくても豊かな気持ちになれる、砂地のオアシスのような宿。

　夕暮れ時に向かったのは、宿の裏手にあ

る白い砂丘。こんな砂丘のすぐ近くに街をつくってしまったなんてすごいなあ、と思いつつ、登り始める。砂丘に登るのは初めてなので、足がズブズブと砂に埋まり、思うように進まない。やっとのことで頂上に着くと、たくさんの人が夕焼けを見るためにスタンバイ中。そのそばでは、子供たちが砂の上を滑って遊んでいる。

　夕日が海に沈むのを見届けてから砂丘を下りると、潮風に乗ってなにやら音楽が聞こえてくる。人だかりの中を覗き込んでみる。その正体は、ダンスと格闘技の要素を併せ持つ武道、カポエイラ（capoeira）だ。逆立ちをして、弓なりに反った姿勢で相手を威嚇する。地面に手をつき、相手の顔すれすれに蹴り上げる。息つく暇もない展開に、はらはらしながら見守る。カポエイラの本場であるサルバドールできちんと見られなかっただけに、これには大満足。終わったあとは拍手喝采。

　夜になると、あたりは気持ちよい夜風に包まれる。エビの串焼きやカクテルを販売する屋台が並び、レストランからは生演奏でブラジル音楽が流れてくる。喧噪の中心を離れ、街灯のあまりない海辺までくると、満点の星空が広がる。美しい星空を見るなら山の上、そんな風に思っていた。しかし、周囲の都市からかなり離れているジェリコアコアラでは、Tシャツ1枚でカクテル片手に、星空を堪能できる。ツーリスティックだけれども、馬鹿騒ぎする人のいない落ち着いた小さな街。心に強く残る街がまた増えてしまうなと思いながら、首が痛くなるまでずっと星空を見続けていた。

1.砂丘の斜面を利用して、回転しながらジャンプ！／2.砂丘を登るときには裸足で／3.砂丘の斜面がすべり台に早変わり／4.カポエイラには欠かせない打弦楽器、ビリンバウ／5.砂丘から望む海に沈みゆく夕日／6.空中技が炸裂、迫力満点のカポエイラ。

135

白と青、2色の世界

　どこまでも続く白い砂丘。1月から6月の雨季に降った雨水がたまり、真っ青な池をつくり出す。中南米の旅を決意するより前から心惹かれていた、あの幻想的な世界。折りしも観光シーズンに差し掛かった6月、ついにきてしまった。

　白い砂丘の広がるレンソイス・マラニェンセス国立公園（Parque Nacional dos Lençóis Maranhenses）への拠点の街、バヘリーニャス（Barreirinhas）。朝、目を覚ますとよく晴れた空。そのままツアーに参加する。車で走り始めてまもなく、目の前に川が見えてきた。川の上には車2台を載せた大きなイカダ。このイカダが車の橋渡しをするため、しばし順番待ちをする。

　やっとイカダに乗って川を渡り、再び車は走り出す。前方に見えてきた真っ白い砂の山、あれがレンソイスだ！

　車を降りて、サンダルを脱いで歩き始める。まだ午前中だからか、それほど砂は熱くない。真っ白い色がとてもまぶしい。ひとつめの砂丘を登り切ると、はるか先まで続く白い起伏。そのところどころが影になり、微妙な色合いをつくり出す。くぼみには真っ青な色の池。反対に、空には果てしなく広がる青と、ところどころに浮かぶ雲の白。たったふたつの色で成り立つ世界。

　泳いでいる人がたくさんのひときわ大き

真っ白い砂丘の至るところに出現する名もない池。
気に入った池が見つかればすぐに寄り道。

な池は、青い池という意味のラゴア・アズール（Lagoa Azul）。その名の通り真っ青な色のこの池を通り過ぎ、上り下りを繰り返して、別の池に到着。ガイドが気をきかせて、人の少ないこちらへ連れてきてくれたのだ。池の真ん中あたりまで泳いでみる。と、足がつかないぐらいに深くてあたふたする。時期によって、池の水量はまちまちらしい。

ほかの池にもいってみようと、再び歩き出す。気に入った池があればそこで泳ぎ、しばらくしたらまた歩く、の繰り返し。先ほどのラゴア・アズールのように名前のついている池はほんの数個に過ぎず、あとは名もない池がただ無数にある。

次に到着したのは、魚の池を意味するラゴア・ド・ペイシェ（Lagoa do Peixe）。水は濁っているように見えるが、透明度はばっちり。魚にエサをやったり、捕まえようと奮起したり。この魚、池が消える乾季には湿った砂の中で、卵の状態となって生きていると考えられている。

ガイドにそろそろいこう、と促されても、泳ぐのによさそうな池を見つけると勝手に泳ぎ始めてしまう一行。何度も寄り道を繰り返し、ようやく車まで戻る。体についた白い砂をはらいながら、ここにこられたことを心から嬉しく思った。

1. くるくるとまわりながら、華麗なステップを刻んで踊る。
2. カメラを向ければこの笑顔。羽根の衣装がよく似合う。
3. ブンバ・メウ・ボイは、黒人の妊婦とその夫にまつわる話が元となっている。
4. きらびやかな衣装に身を包み、誇らしげな顔のダンサー。
5. 必死の形相で、汗だくになりながら叩き続ける。
6. 獅子舞風の牛が、目の前を通り過ぎていく。
7. ふんだんに羽根が使われているかぶりものは、両手を広げたほどの大きさ。
8. 杖をつきながら、しばしの休憩。
9. 固唾を呑んで出番を待つ。
10. 陽気にはしゃぐ、タンボル・デ・クリオラのダンサーたち。

Brasil

牛と羽根に魅せられて

　ダイナミックな祭はブラジルのお家芸。2月のカーニバル以外にも、6月にはブラジル全土で収穫を祝う祭が催される。これと同時期に開催される、サン・ルイス(São Luís)のブンバ・メウ・ボイ(Bumba meu boi)も見逃せない祭のひとつ。羽根を使ったきらびやかな衣装のダンサーが、華麗なステップを刻む。牛に見立てた獅子舞のようなものが、ぐるぐるまわりながら踊る。楽隊がにぎやかな音楽を奏でる。夜通し行われる祭を見物しに、夜な夜な出かける日々が続く。

　数週間にわたって繰り広げられる祭は、郊外のショッピングセンターや、街のさまざまなところにある広場に設置されたステージで見ることができる。金曜と土曜はさらなる盛り上がりを見せ、朝方まで興奮の渦に包まれる。

　夜になり旧市街へ向かうと、いつもとは違って路上にはたくさんの人。まだスタートしてまもないというのに、すでにボルテージが上がっているのか、大声で歌いながら踊る群衆もいる。市場の中に入ると、ちょうどタンボル・デ・クリオラ(Tambor de Crioula)をやっている最中。これはアフリカから渡ってきた情熱的な踊りで、女性が長いスカートをひらひらさせながら、くるくるとまわり、くたくたになるまで続けられる。褐色の肌によく似合う白い衣装で、ときにお酒をまわし飲みしながら踊る彼女たちの姿は、かっこいいのひと言に尽きる。

　広場にあるステージでは、さまざまなチームが迫力あるブンバ・メウ・ボイを繰り広げている真っ最中。チームによって曲も、踊りも、衣装も異なるため、それを見比べるのもまた楽しい。お酒も入り、目の前を艶やかに舞っていく牛や、羽根衣装のダンサーを見ていたら、体がうずうずしてきた。ゆらゆら体を揺すりながら見ていると、楽隊のおじさんたちがおいでおいで、と手招きする。なんだろう、と思って近づくと、拍子木のようなものを渡される。いっしょに演奏しよう、ということらしい。最初のうちは余裕でカンカンと軽快な音を鳴らしていたが、次第に疲れて手が思うように動かなくなる。うぅ、厳しい……。隣を見ると、滝のような汗を流しながら、必死の形相で太鼓を叩くおじさんの姿。1年間にわたる練習の成果を披露する晴れ舞台、手を抜くわけにはいかないのだ。

　気がつけば観客も巻き込んでのカオス状態になって、踊りが繰り広げられている。そうか、これこそブラジルの祭に求めていたものだ。見るだけではなく、気分が高揚してきて参加したくなったら、いっしょに踊りだしてしまうような、そんな祭を。おかげで連日深夜まで踊り、騒ぎ、完全に昼夜逆転の生活となった、サン・ルイスでの日々。

アマゾンを感じる

　眼下に広がる広大なジャングルと茶色い水をたっぷりたたえた川。飛行機の窓にちっとも収まりきらない景色を見て、ついにアマゾンまできたという思いが湧いてくる。

　アマゾン川中流域にあるマナウス（Manaus）は、ジャングルツアーへの玄関口となる街。マナウス郊外の港からボートで約30分、ロッジに到着して1泊2日のツアーがスタート。内容は盛りだくさんで、経験ゼロでも意外と釣れるピラニア釣りに、天然ゴム採取の見学、夜にはボートに乗ってワニの観察。でも、この日もっとも心に残ったのは、そのあとの出来事。

　空には満点の星、南十字星も見える。ときどき流れ星が落ちていくなか、ガイドからある提案が。「森に入って、そこで聞こえる声に耳を傾けてみましょう」。夜のアマゾンにはなんとなく恐ろしい感じを抱いていたが、そこは鳥や虫のなんとも美しいさえずりにあふれていた。星の明かりに照らされた木々のシルエットと、隙間から見える星。アマゾンのパワーが心に染みてくる。

　翌朝は早起きして朝日を拝む。川が金色に染まり始めると、ところどころでなにかが飛び跳ねる。その正体はナマズ。普段は川の奥底に潜んでいるが、なぜか朝日が昇る時間だけ水上ジャンプを始めるという。

　午前中はジャングルトレッキングへ。森の中は結構起伏が激しい。そこに生えている薬草を実際に口にしながら歩く。しばらくいくと、アマゾンのイメージとはかけ離れた砂の広がる大地に出くわす。ガイドいわく、アマゾンの土地はもともとやせていて、生い茂った木々である程度日光を遮らない

とすぐに乾燥してしまうのだそう。豊かな緑のイメージが強いアマゾンも、じつは微妙なバランスの上に成り立っている。

　午後は水没したジャングルの中をボートで探検。3月から8月にかけて、雨水で水量が多くなるアマゾンでは、場所によって水没してしまう森がある。水中では根から養分を補給できないので、一時的に成長をやめ、水が引くのをじっと待つ。しかし近年はなかなか水が引かないときもあり、その変化に耐えられずに枯れていく木も多いのだという。それにしても、この水没ジャングルの中を進むのは本当に素晴らしい。黒い川面が鏡のようになり、木や空がくっきり映り込んで宙を漂っているよう。

　ツアーの最後に、アマゾンに暮らす家を訪ねた。そこにはたくさんの不思議なペットが。オウムに猿、極めつけはナマケモノ！ 愛くるしい顔でこちらに近づいてくるナマケモノを見ていると、ひとりでに笑顔になる。自然の恵みをたっぷり受けていながら、感謝の気持ちを忘れがちな我々。アマゾンをたっぷり五感で感じたこのひとときを、いつまでも心に留めておかなければ。

左上：アマゾン川を進むボート／左中：水没ジャングルをボートで探検中／左下：昼寝から目覚めたナマケモノが、ゆっくりと顔を上げる／右：ゴムの木に切り込みを入れて、樹液を採取する。

[Column]

中南米のモダン建築 ② オスカー・ニーマイヤー

1907年、ひとりの偉大なる建築家がリオ・デ・ジャネイロの街に誕生した。
ブラジル建築界の巨匠、オスカー・ニーマイヤー（Oscar Niemeyer）だ。
彼のデザインの根底にあるもの、それは周囲にあふれる自然の中に存在する曲線。
100年という時の流れの中、つねに斬新で、注目を集めてきた彼の建築物。
青空によく映える大胆で美しいラインを描く建物は、人々を魅了してやまない。

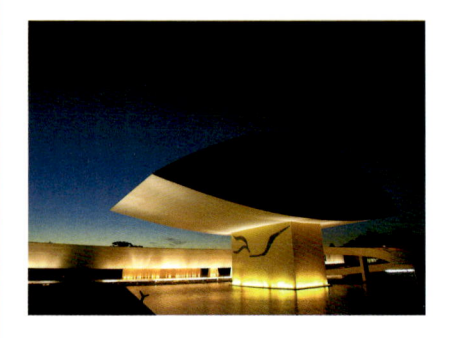

▶クリチバ
オスカー・ニーマイヤー美術館

　世界でもっとも都市計画が成功したといわれる都市、クリチバで、市内の見どころを巡回するツーリストバスに乗る。繁華街を抜けて郊外の景色に目が慣れた頃、突如として見えてくる巨大な目玉。池の上に浮かぶように立っているその建物は、オスカー・ニーマイヤー美術館だ。シンボリックな目玉の奥には、ところどころに支柱の配されたピロティ*が、はるか先まで広がっている。訪れた日は残念ながら中に入ることはできなかったが、いままで手がけた建築物のドローイングや、スケッチが展示されているそう。時間が経つにつれて夕日に照らされ、日が沈むと今度はライトアップされて目玉が浮かび上がり、なんともドラマチック。

オスカー・ニーマイヤー美術館（Museu Oscar Niemeyer）
Rua Marechal Hermes, 999 - Centro Cívico - Curitiba - PR
※開館時間：10:00-18:00（火～日）

▶サンパウロ
OCA

　めざましい成長を続けるブラジル経済の中心都市、サンパウロ（São Paulo）。日系人が多く暮らすこの街にあるイビラプエラ公園（Parque do Ibirapuera）は、市民の憩いの場として人気のスポット。園内には円盤が着陸したかのような、ドーム型の美術館、OCAがある。外から見た感じではさほど大きくなさそうだが、中に入ってみると意外に広いことに気づく。人気の高い、著名なアーティストの展覧会が催される機会も多く、休日ともなると大勢の人が押し寄せ、長い行列をつくる。丸い窓には、そのときに開催している展示内容を知らせるポスターが。それを背に、窓の前に突き出たスペースを利用して休む人の姿も見られる。

OCA（OCA）
Av.Pedro Álvares Cabral, s/n, portão 2, Ibirapuera - Zona Sul - São Paulo - SP　※開館時間：9:00-21:00（火～日）

※ピロティ：建物の1階部分の、柱だけで支えられた開放的な空間。

イビラプエラ公会堂外観

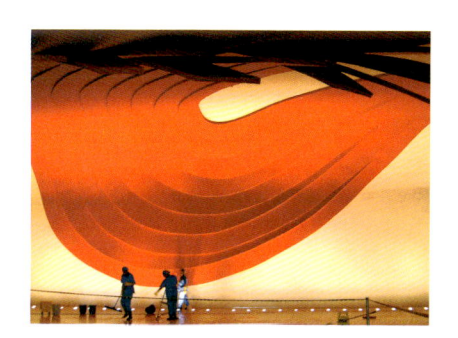

▶サンパウロ
イビラプエラ公会堂

　イビラプエラ公園に新たなシンボルが誕生。2005年に竣工したイビラプエラ公会堂は、鋭角のスロープに突き刺さっているかのような、赤いラインの物体が印象的。この下がエントランスとなっており、中に入ると外観のインパクトに負けないぐらい大胆なオブジェが現れる。これは移民としてこの地に渡り、創作活動を続けている大竹富江によるもの。

　ライブなどのイベントの際には、建物裏手にある大きな扉が開いてステージが出現する。そのため、園内の芝生に座り、そこから鑑賞することも可能。収容人員はおよそ3万人。芝生の上で歌い、踊りながらライブを満喫するブラジル人の姿が、目に浮かぶようだ。

イビラプエラ公会堂（Auditório Ibirapuera）
Av.Pedro Álvares Cabral, s/n, portão 2, Ibirapuera - Zona Sul - São Paulo - SP

▶サンパウロ
ラテンアメリカ記念公園

　コンクリートの梁のスパンが世界最大という、ダイナミックな建造物に出会えるラテンアメリカ記念公園。ここは文化施設の集合体で、無料コンサートが毎週開かれる公会堂や、図書館、ギャラリーが点在している。

　ラテンアメリカの文化芸術の発信という役割を担うこの公園。ぜひ訪れたいのが、中南米諸国の祭礼具や、人形、巨大ジオラマなどを展示しているパビリオン。約2000点の展示物をじっくり見ると、ブラジルにいながらにして、それぞれの国の魅力に触れることができる。

　植民地時代に、さまざまな苦渋を味わったラテンアメリカの国々。手のひらをかたどったモニュメントには、ようやく勝ち取った独立の苦難を表す血が流れている。

ラテンアメリカ記念公園（Memorial América Latina）
Av.Auro Soares de Moura Andrade, 664 - Barra Funda - São Paulo - SP　地下鉄東西線（2号線）、Barra Funda 駅下車すぐ。

143

1907年	1934年	1940年	1952年	1957年
リオ・デ・ジャネイロの裕福な家庭に生まれる。高校在学中に結婚、まもなく長女が誕生する。その後、国立芸術大学建築学部に入学・卒業。	ルシオ・コスタとカルロス・レオンの設計事務所に勤務。教育保健省の設計顧問として招聘されたル・コルビュジエにその才能を認められる。	ベロ・オリゾンチの湖畔地区の計画を依頼され、出世作となる。政治への関心が高まり、共産党に入党。	ル・コルビュジエとの折衷案による国連本部ビルが竣工。独特の曲線を用いた作品を多く世に送り、ブラジル建築界の第一人者の地位を確立。	新首都ブラジリアの、政府の主要建築群の設計に従事。

▶ブラジリア
国会議事堂

　見渡す限り赤土の、なにもない大地にたった4年ほどで建設された首都、ブラジリア（Brasília）。1960年に遷都されてから、歴史がない、人の匂いがしないと酷評されることが多かったが、一方で世界遺産に登録されている。そのわけは、ニーマイヤーの手がけた建築群が、機能的に優れていると評価されてのこと。

　国家の中枢機関が集まる三権広場。その中にある国会議事堂は、直線と曲線の組み合わせが絶妙である。お椀型の構造物の中には下院が、反対側のお椀を伏せたほうには上院がある、というのもユニーク。

　内部には、彼がデザインしたソファやテーブルがあり、これらは日本の企業が製作に携わっている。

国会議事堂（Congresso Nacional）
Praça dos Três Poderes - Brasília - DF　※1時間おきに議事堂内部を見学する無料ツアーあり。

▶ブラジリア
連邦最高裁判所

　四方に大きく突き出た屋根。そして、その屋根を支える柱の特徴的なフォルム。全面ガラス張りになっていて、その窓ガラスのリズミカルな配置も面白く、サッシのラインが交互に、規則正しく並んでいる。

　普段あまりなじみのない裁判所。滅多なことでは内部に入ることはできないが、きっとさんさんと日の光が差す、広大な空間になっているのだろう。

　裁判所の前には、目隠しをした女性の像が建っている。これは、かつて行われていた不公平な裁判を、これ以上繰り返さないようにとの教訓が込められている。

　向かい側に建っている大統領府も、裁判所とよく似たつくりとなっており、見比べてみるのもまた楽しい。

連邦最高裁判所（Supremo Tribunal Federal）
Praça dos Três Poderes - Brasília - DF

※ファサード：建物正面の外観。

1960年	1967年	1985年	1996年	2008年
新首都ブラジリア開都 のちに世界遺産に認定される	亡命に近い形でパリに住み着き、フランス共産党に入党 政府にクーデターが勃発。当時の大統領と行動をともにしていたため、ブラジル国内での活動が困難に。	ブラジルに戻って国内での設計活動を再開 国外で精力的に活動を続ける。ブラジルの軍政が終わりを告げ、帰国を決意。	ニテロイ現代美術館竣工 健在ぶりを世界にアピール プリツカー賞や、ベネチアビエンナーレ金獅子賞を受賞。	100歳を超えてもなお、さまざまなプロジェクトに着手 長年連れ添ってきた妻を亡くす。その後、秘書を務めていた女性と99歳で再婚。

▶ブラジリア
法務省

　建物に近づくにつれ、滝のような音が聞こえてくる。そちらに目を向けると、柱のあいだに交互に並べられたスコップ状の装置から、水が流れ落ちていく。

　水の仕掛けをふんだんに盛り込んだ、美しいファサード*に目が釘づけとなる法務省。水は、建物の周囲を取り囲む人工池へと流れ落ちる。

　その水面には、微妙に角度を変えて並んでいる支柱の連なりが映り込む。建築と水を組み合わせることによって、軽やかな印象となり、その見事なフォルムがさらに際立つのかもしれない。

　支柱と建物のあいだにめぐらされた回廊を歩きながら、すみずみまでその美しさを堪能したい。

法務省（Ministério da Justiça）
Esplanada dos Ministérios, Edifício sede, Bloco T - Brasilia - DF

▶ブラジリア
軍司令本部

　巨大な弓形をしたステージは、遠くからでもはっきりとその姿をとらえることができる。全体像をカメラに収めるには、かなり遠くまで下がらないと入りきらない。

　これは、ブラジルの陸・海・空軍の司令本部。サーベルをモチーフにつくられたというこの建物の中では、音が壁に反響して、小さな声でもよく響く。一説によると、マイクなしでも演説ができるのだという。

　国家の重要機密を管理している場所だけに、一般の人が入れるのはここまで。このステージ上でも、つねに隊員が警備をしている。

　隣接している資料館に足を運べば、軍の歴史や、使用していた武器などの展示を見ることができる。

軍司令本部（Quartel General do Exército）
Quartel General do Exército, Setor Militar Urbano - Brasilia - DF

▶ブラジリア
ブラジリア美術館

　国家施設だけでなく、文化施設にもニーマイヤー独自の美学は健在。2006年にオープンしたブラジリア美術館。当初はブラジリア開都に合わせて完成となる予定だったが、経済的な事情により計画が頓挫してしまう。そのため、数十年たってからお目見えする結果となった。

　青空によく映える真っ白いその建物へと続く、幅の広いゆるやかなスロープを上っていく。内部は、ほぼ白一色。照明に照らされた天井が、その丸いフォルムをより際立たせている。外から見るよりもずっと広く、穏やかな明るさが目に心地よい。建具に目を向ければ、ところどころに配されたドアの形が平行四辺形になっていて、遊び心も忘れてはいない。この平行四辺形のドアの向こうには、外に突き出たスロープが建物を囲むようにのびている。ここから望む景色も、また格別なのだろう。

ブラジリア美術館 (Museu Nacional)
Conjunto Cultural da República - Brasília - DF
※開館時間：9:00-18:30 (火〜日)

▶ブラジリア
カテドラル

　ブラジリアの顔ともいうべきカテドラルは、構造体とデザインとの融合が素晴らしい、最高傑作だ。互いに支え合う16本の支柱は、天に向かって祈る手を表現している。

　地下へと続く薄暗いスロープを下っていくと、青と緑のステンドグラスで囲まれた、明るい教会内部へと導かれる。天井から吊り下げられた天使の像が、軽やかに踊っているように見える。その天使と、窓の隙間から覗く青い空とがあいまって、外部との境界が曖昧になってくる。先ほどのエントランスとは打って変わって、開放的な印象だ。

　教会特有の重々しい雰囲気は微塵も感じられない。ここは、祈りを捧げる場所というより、多くの人が1カ所に集い、それぞれに思いをめぐらすところなのかもしれない。

カテドラル (Catedral Metoropolitana)
Esplanada dos Ministérios - Brasília - DF

ニテロイ現代美術館外観

▶ベロ・オリゾンチ
サンフランシスコ・ジ・アシス教会

　バスの乗換で立ち寄ったベロ・オリゾンチ (Belo Horizonte)。この街の中心部や、郊外のパンプーリャ地区 (Pampulha) にある人造湖のまわりにも、ニーマイヤーの建築物が点在している。

　その理由は、ベロ・オリゾンチのかつての市長が、のちにブラジリア遷都を決め、ニーマイヤーに都市計画を依頼したクビチェック元大統領であることにほかならない。この地区のコンセプトは、ブラジリアの原型となっているそうである。

　ひと筆書きで大小の山を描いたようなサンフランシスコ・ジ・アシス教会。青を基調とした外観で、建物裏のタイルの壁には、一面に宗教画が描かれている。建設当時は伝統的な教会の様式を踏襲していないことでかなり批判もあったようだが、いまではこの地区のシンボルとなっている。

サンフランシスコ・ジ・アシス教会 (Igreja São Francisco de Assis)
Av.Otacílio Negrão de Lima, s/n - Pampulha - Belo Horizonte - MG

▶ニテロイ
ニテロイ現代美術館

　リオ・デ・ジャネイロの対岸に位置する街、ニテロイ (Niterói) には、崖に咲いた大輪の花ともいうべき建物、ニテロイ現代美術館がある。これはニーマイヤー作品の中で、もっとも有名な建築物のひとつといっても過言ではない。

　だだっ広いアスファルトの地面に、のびのびとしたラインで仕上げられた美しいたたずまい。建物のすぐ真下までいってみると、その花をよりいきいきと見せるための水ともいうべき、池が広がっている。これほどに完成され尽くした作品が、たった5分ほどのスケッチで、大まかな構想がまとまったというのだから驚きだ。

　真っ赤なスロープを進んで中に入る。大西洋にせり出している窓から外を見る。周囲をぐるっと取り囲んでいるのは、リオの絶景。この景色を堪能するだけでも、ここを訪れる価値があるといってもいいほどだ。

ニテロイ現代美術館 (Museu de Arte Contemporânea)
Mirante da Boa Viagem, s/n - Niterói - RJ
※開館時間：10:00-18:00 (火〜金)、10:00-19:00 (土・日)

> [Item]
> ## ともに旅した道具たち
> ああだこうだと話し合い、ようやく選んだ旅のアイテム。
> バックパックに詰め込まれ、いく先々で役立った
> 心強き道具と、思いがけずに活躍したものをご紹介。

電子辞書
（CASIO EX-word XD-SP7500）
わからない単語はこれで調べる。
発音もチェックできて大助かり。

ヘッドライト（PETZL）
頭につけられるライトは、
両手が自由に使えて便利。

バックパック
（MILLET/SOLO TOURIST）
ともに容量45リットル。自分のもの
とわかるよう、目印にワッペンを。

リュック（Patagonia）
街歩きには欠かせない
サブバッグ。たっぷり
荷物が入る。

布ナプキン
（Sckoon/Wemoon）
生理のときに使ったら、
洗って干して何度でも。
肌触りもよく快適。

充電式電池
（SANYO エネループ）
海外の電圧にも対応している、充電式ニッケル水素電池。

パソコン
（SONY VAIO T）
デジカメのバックアップ、音楽の取り込みなど、できることは無限大。

レインジャケット
（Patagonia）
雨は通さず、中の湿気は逃がしてくれる。少々の雨なら傘なしで平気。

パックタオル（MSR）
しっかり吸水、絞れば速乾。タオルはふたりでこれ1枚のみ。

デジカメ
（RICOH Caplio GX8）
コンパクトなデジカメは、単3電池が使えて広角の撮影も可能。

耳栓
騒音が気になったら、すぐに装着。安眠のためには欠かせない。

●●●●●●●●●●● 身につけるものは最小限に

　バックパックの中身で、いちばん場所をとるのが洋服類。重い荷物をかついで移動を続けるのは大変なので、いかにコンパクトにまとめるかが大事。Tシャツや下着類など、毎日着替えるものは3日分。それ以外のもの、たとえば寒いときに羽織る長袖などは2日分あれば事足りる。靴はハードな登山をしないのであれば、スニーカーで充分。海や温泉に入ることを考えて、サンダルと水着も欠かせない。

　さて、これらの装備だけでは標高の高い地域や、パタゴニアでは寒さをしのげない。そこで、ペルーやボリビアで開かれる古着市にて、ダウンジャケットなどの防寒具は格安で調達。トレッキングシューズもあるので、本格的に山登りをしたくなったら買うもよし。

●●●●●●●●●●● 便利さを実感、こんなものたち

　旅をより楽しむために、日本で日常的に使っているものを連れていきたくなる。たとえばiPod。移動のときに音楽を聞きながら、車窓を流れる風景を眺めて旅情に浸る。

　普段あまりなじみのない道具が活躍するのも、旅ならでは。災害用ブランケットは軽くてかさばらないのに、毛布よりも格段にあたたかい。

　コンタクトを使う人は、コンタクト用品をどれぐらい持参するか、頭を悩ませるところ。日本に比べると少々高いが、ソフトレンズも保存液も現地の薬局で購入可能。ただし、視力回復手術が普及しているブラジルでは、かなり値が張るので要注意。ちなみに、歯ブラシやシャンプーなどの日用品は、現地のスーパー、薬局で買うことができるので大丈夫。

Gourmet

中南米のうまいもの

おいしい料理は旅の活力。
そして異国へのトリップを
瞬時に実感する大事な出会い。
さまざまな風土が育んだ
豊かな味覚を、心ゆくまで楽しみたい。

▶魅惑のメキシコ料理

　豊富な調味料や、一風変わった食材がいっぱいのメキシコ料理は、メニューが4000種以上あるといわれる郷土料理の宝庫。まず最初に思いつくのはタコス（tacos）。トウモロコシや小麦粉を練った生地を焼いたトルティージャ（tortilla）に、具をのせて食べる代表的なスナックだ。ひと口にタコスといっても、具の種類の多さにびっくり。牛、豚、鶏などの肉類もあれば、じゃがいもや、きのこなどの野菜類、米プラスゆで玉子という変わり種まで。肉でも部位や調理法によってさらに呼び名が変わり、全種類制覇は到底できない。しかもさまざまなサルサ（salsa、ソースのこと）をかけたり、ライムを搾ったり、自分好みにカスタマイズすることも可能。土台となるトルティージャを揚げればトスターダス（tostadas）、サルサに浸してたっぷりのチーズをかければエンチラーダス（enchiladas）と、さらに種類は広がる。スナックといえども奥が深い。

　チョコレートだって料理に使われる。モーレ（mole）はチョコレートに唐辛子などのスパイスで仕上げた、複雑な味のソース。鶏肉といっしょに煮込んで登場することが多い。ほんのり甘くてスパイシーな味はかなり個性的なので、好きになるか嫌いになるか、はっきり分かれるだろう。

　珍しい食材を見たければぜひ市場へ。ノパル（nopal）は、手のひら大ほどの平べったいウチワサボテンのこと。トゲをとった状態で売られているので、あとはステーキにしたり、サラダにしたり。ヌメヌメ

p 150左：タコス／中：サルサ／右：オアハカチーズ／p 151左：ランゴスタ／中：セビッチェ／右：パイラ・マリーナ

した食感にクセのない味は、ほかの食材との相性もよい。ほかにも、オアハカ近郊でつくられている名産のチーズはぜひ試したいところ。日本でも見かけるさけるチーズの原型といわれていて、歯応えと絶妙な塩味があとを引くおいしさだ。

　海沿いの街へいけば、エビやイカなど日本でもおなじみの新鮮なシーフードが安く食べられる。なかでもランゴスタ（langosta、ロブスターのこと）はかなりお手頃。グリルやボイルなど、調理法をチョイスして待つこと数十分。味つけはシンプルに塩とコショウ、そしてライムをたっぷりかけて。あとは手づかみで召し上がれ。

▶クセになるセビッチェ

　肉中心の食事が多い中南米。ときどき無性に魚が食べたくなる。できればフライや、鉄板焼きではなく、さっぱりしたものが欲しい。そんなときにぴったりなのが、魚介類のマリネともいうべきセビッチェ（ceviche）。生の白身魚や、ボイルしたイカ・タコ・エビなどをライムで和えて、塩と唐辛子で味を調えるという、いたってシンプルな料理。中南米でよく親しまれているメニューだが、ペルーの海岸地方のものは、味つけもボリュームも素晴らしい。刺身と酢の物をいっぺんに食べたような、なんだか得をした気分になれるセビッチェは、ビールとの相性もばっちり。また、ペルーのちょっぴり甘い国民的炭酸飲料、インカコーラ（INCA KOLA）といっしょに食べてもおいしい。

▶新鮮な魚介類を求めて

　太平洋に面して、長い海岸線を持つチリ。ここでの楽しみはなんといっても魚介類。チリのサンティアゴにある中央市場に入ると、磯の香りが鼻をつく。日本人が店の前を通ると、そこらじゅうから「ウニ！ウニ！」の大合唱。それもそのはず、市場に生ウニを買いにやってくる日本人ツーリストが多いということを、彼らは知っているのだ。そして市場内の食堂でも、スープ皿にたっぷり入った生ウニを食べることができる。メニューにエリッソ（erizo）の文字を見つけたら、ぜひ試してみたい。ちなみにチリでは玉ねぎのみじん切りと、ライム、香草をたっぷりかけて食べるのが一般的。

　海沿いの食堂でよく目にする、パイラ・マリーナ（paila marina）という魚介のスープが、またおいしい。さまざまなシーフードが山盛りに入っているこのスープは、貝から出ただしにほんのり塩味がついていて、スーッと体にしみていくやさしい味。

　驚いたのは、アナゴ（congrio）とサーモン（salmón）の立派なこと。店で注文すると、お皿からはみ出るほどの特大切り身がフライやグリルで出される。肉厚で味もよく、食べ応えも充分。

　チリ本土だけでなく、イースター島にも絶品が待っている。それはマグロ（atún）。漁港でまるまる1匹買って、思う存分食べることができる。ただし、水揚げされるマグロは大きいものがほとんどなので、シェアする人が集まらない場合には、市場で切り身のブロックを買うのがオススメ。解体されたマグロは、刺身に、

握り寿司に、ステーキに、ネギトロにと、バラエティ豊富なメニューへ変身させて、「いただきます」。おなかがはちきれんばかりに堪能して、満足満足。

▶気軽に楽しむステーキとワイン

おいしいステーキを、おなかいっぱい食べてみたい。そんなことを夢見る人は、結構多いと思う。その願望を簡単に、安価に叶えたかったらアルゼンチンへ。アルゼンチンの牛肉は世界でいちばんおいしい、といわれているからだ。

その存在を知ったのは、出発前に知人から聞いたアルゼンチン牛についての評判。さて、アルゼンチン牛ってそんなに有名なの？あまり聞いたことがないけれど……。というのも、日本にはほとんど輸入されていないらしい。それなら、ぜひ現地で味わってみないと。

レストランではもちろん、オープンカフェのような店でも気軽に食べられるステーキ。メニューにアサード(asado)と書いてあるのがそれだ。運ばれてきたものを見て仰天。厚さ4cmほどの、手のひら大の牛肉が目の前に。早速切ってみる。ほどよい弾力が手に伝わってくる。口に運んで、思わず大声をあげそうになる。うまい！外はかりっと香ばしく、中は適度にやわらかい。400gもあるステーキは、あっという間に胃袋の中へ。これが1000円以下で食べられるのだから、アルゼンチン牛、恐るべし。

もうひとつ、日本であまりお目にかかれないものといえば、アルゼンチンワイン。世界第5位の生産量を誇るものの、日本での知名度はまだそれほど高くない。スーパーにいくと、陳列棚には赤や白の、さまざまなワインがずらり。価格はフルボトルでも数百円からと、とてもお手頃。なかには百円以下の紙パック入りなんてのもあり、気軽に楽しめる。

もっとアルゼンチンワインについて知りたくなったら、ブエノス・アイレスから1200km離れたメンドーサ(Mendoza)へ。街の郊外にたくさんのボデガ(bodega、ワイナリーのこと)があり、見学が可能。予約が必要なところもあるので、事前に確認してみよう。

▶軽食天国ブラジル

腹が減っては、街歩きは楽しめない。そんなときには、ランシェス(lanches)と呼ばれる軽食屋へいってスタミナ補給。ブラジルでは、街の至るところでランシェスを見かける。ここではショーケースに並べられたサウガード(salgado、軽食の総称)といっしょに、ジュースやお酒を楽しむことができる。サウガードのなかでも、コシーニャ(coxinha)という、ほぐした鶏肉の入ったコロッケ風の揚げものはボリュームたっぷり。ぽってりした形のコシーニャは、もちもちした食感がたまらない。

飲みものにはアマゾンのフルーツを使った生ジュースか、ブラジルを代表する炭酸飲料、ガラナ(guaraná)を。ほんのり甘いガラナは、アマゾンの先住民が、強壮剤として用いていた植物が原料。これを飲めば、疲れた体もしゃきっとする。

近年注目されているアマゾンの恵み、アサイー(açaí) は、ランシェスでも人気のデザートだ。紫色のどろっとした液体は一見するとグロテスクだが、ビタミンや食物繊維がとても豊富。冷凍されたアサイーをミキサーにかけたものは、フローズンドリンクのようでおいしい。輪切りのバナナや、シリアルをトッピングすると、さらにおいしくいただける。

スナックをよく食べるブラジル人には、日本の軽食も人気。サンパウロにある東洋人街、リベルダージ(Liberdade)地区で毎週日曜日に開かれる東洋市。ここでは、焼きそばやたこ焼き、今川焼きといった縁日定番メニューから、天ぷら、どら焼きなどの日本でおなじみの味、そしてもちろんブラジルのスナックも販売されている。買いにくるのは日系人のみならず、ブラジルの人もたくさん。我先に買い求めようと、露店の前には黒山の人だかり。ほかにもおいしいスナックがたくさんのブラジル。たっぷり動いておなかを空かせ、いろいろなものを試したい。

▶あたたかい飲みもので一服

中南米はいわずと知れたコーヒーの産地。世界の総生産量の半分以上を占め、味のバランスが取れているという理由で人気も高い。さまざまな地でおいしいコーヒーを楽しんだ我々が、いちばんおいしいと感じたコーヒー。それはグアテマラのパナハッチェル(Panajachel)にある、「クロスローズカフェ(Crossroads Café)」のもの。ブラックでもカプチーノでも、とびきりのコーヒーを出してくれるこのカフェは、ケーキも絶品。街の中心から少し外れた十字路でひっそりと営業していて、焙煎もここでやっているため、そばを通るとぷーんとコーヒーのいい香りが。店内にはいつも数人のお客さんがいて、気さくなアメリカ人オーナーとの会話を楽しんでいる。

コーヒーは苦手、という人には、中南米ならではの個性豊かなお茶を。ペルーやボリビアなどでよく飲まれるコカ茶(mate de coca)は、コカの葉を数枚カップに入れて、お湯を注いで飲む。高山病の予防効果もあるため、標高の高い地域では重宝する。残念ながら日本へ持ち帰ることはできないので、現地で直接味わいたい。

ちょっと珍しいものでは、チチカカ湖に浮かぶアマンタニ島に自生しているハーブ、ムーニャ（munā）のお茶。カップに小さな茎を1本入れてお湯を注ぐだけで、少し甘みのある、ミントのような味のハーブティーになる。これも、日本ではまず手に入らない。

アルゼンチン人には欠かせないお茶、マテ茶(mate)もぜひ試したい。どこへいくにもお湯入りの水筒、マテ茶用のカップ、ボンビージャ(bombilla)と呼ばれるストローを持ち歩き、そこらじゅうでチューチュー飲んでいる姿を見かける。スーッとした苦味は少々クセがあるが、飲む野菜といわれるほど、鉄分やビタミンが豊富。ちなみに、パラグアイなどの暑い地域では、水出しのマテ茶、テレレ(tereré)を飲むのが一般的。

p152左：マグロを解体中／中：アルゼンチン牛のステーキ／右：コシーニャ　p153左：バナナをトッピングしたアサイー／中：ニコニコのカプチーノ／右：マテ茶

153

Souvenir
買わずにいられなかったモノたち

中南米各地で出会った、ステキな表情の小物たち。
財布とじっくり相談して決めたものもあれば、
見た瞬間に即決で買ったものもある。
いっしょに連れて帰った逸品を、とくとご覧あれ。

ペッパーミル(メキシコ)
ハンドルをまわして、挽きたてコショウの風味を楽しみたい。

先住民ポストカード(チリ)
パタゴニアの先住民の、貴重な姿を収めたポストカード。

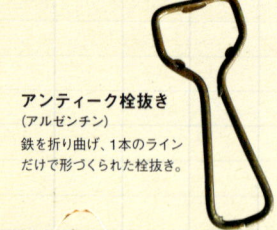

アンティーク栓抜き
(アルゼンチン)
鉄を折り曲げ、1本のラインだけで形づくられた栓抜き。

ネアリカ(メキシコ)
メキシコ山岳部に住む先住民、ウイチョル族のつくる毛糸絵画。

ヤシ編みバッグ
(ブラジル)
手編みのヤシバッグ。やさしい色合いは天然染料によるもの。

木彫りのナマケモノ
(ブラジル)
手のひらサイズのナマケモノは木製だが、風が吹くと揺れるほど軽い。

モアイキーホルダー(チリ)
イースター島にきたなら、ひとつは欲しいモアイグッズ。

POSADAの本(メキシコ)
風刺版画家として活躍した
POSADAの作品集。

トラパスエーニョ
(グアテマラ)
トラパスエーニョとは、
ドリームキャッチャーの
スペイン語の呼び名。

ウールの室内履き(チリ)
中敷もウール、ソールにも羊
の革使用という、丸ごと羊な
室内履き。

サパティスタ人形(メキシコ)
覆面姿で馬にまたがるこの人形
は、メキシコ人にも人気のグッズ。

カバキーニョ
(ブラジル)
ブラジル音楽には欠か
せない、高音が特徴の
弦楽器カバキーニョ。

ひょうたンガイコツ
(メキシコ)
ひょうたん製のボディが
ぷっくりかわいい、アン
ティーク風。

155

指人形（ペルー）
毛糸でできた指人形は、動物や人物など種類もたくさん。

POSADA ポストカード（メキシコ）
風刺版画家として活躍したPOSADAのポストカード。

havaianas サンダル（ブラジル）
足をしっかりホールドするので、長時間歩いても疲れない。

ベルト（メキシコ）
メキシコ人の色彩センスあふれる色の組み合わせが美しい。

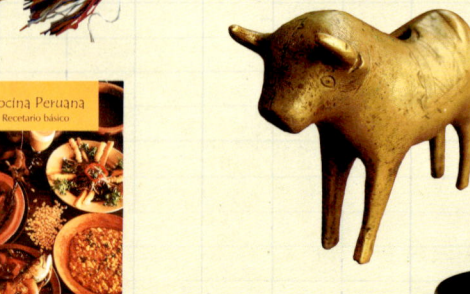

木のペンギン（チリ）
素朴なぬくもりにあふれる木のペンギンは、チロエ島で発見。

アンティークの牛（ボリビア）
かつては儀式でお酒を飲む道具に使われていた、愛嬌たっぷりの牛。

料理の本（チリ、ペルー）
本場の味が恋しくなったとき、ぱらぱらめくって楽しむために。

リング（メキシコ）
タスコでひと目ぼれしたリングにデザインを似せて、現地の彫金工房で自分で手づくり。

156 Souvenir

トルティージャ製造器
(メキシコ)
麺棒でのばすよりも楽に、キレイにタコスの皮をつくることができる。

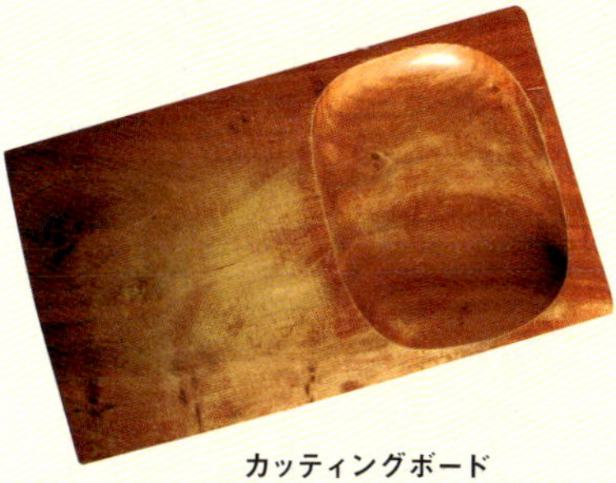

カッティングボード
(メキシコ)
切ったものをそのままくぼみに入れられる、使い勝手のよいまな板。

ウールパンツ(ペルー)
サイズや生地の色をオーダーできる、あったかウールパンツ。

サルの人形(メキシコ)
手足を自在に動かせるので、飾るときは片手でぶら下げても逆立ちの姿でも。

犬・亀ぬいぐるみ
(メキシコ)
色遣いも、手の抜き方も絶妙なぬいぐるみは、大人にも人気。

牛革ポシェット
(グアテマラ)
定期券のような小物を入れるのに重宝しそうなポシェット。

モラのバッグ
(コロンビア)
モラと呼ばれる布を使ったバッグ。自然などをモチーフにつくられる。

アンティークケトル
(ボリビア)
ぽってりした体におちょぼ口のケトルは、手頃な大きさが魅力。

157

> **Trouble**
>
> # 旅にトラブルはつきもの
>
> トラブルは、あるとき突然やってくる。
> 不注意のせいで、準備不足のせいで、ときには
> 予測不能なことだってある。そんなときこそ大切なのは、
> 冷静に状況を判断し、しっかり対処するということ。
> そうすれば、たいていのことは無事に乗り切れる。

▶あわや出発延期？

「このままでは出国できませんね。メキシコの空港で強制送還されますよ」。

成田空港のチェックインカウンターで、予想外の言葉。これから旅に出るという興奮は、一気に冷めた。

メキシコ入国の際、観光目的で90日以内の滞在であればビザは不要。機内で配布されるツーリストカードに必要事項を記入するだけでOK。ここまでは知っていた。ただし。原則としてその期間内にメキシコを出国するというチケットを持っていなければいけない、ということは、その場で知った。

我々の持っていた帰国便のチケットはというと、なんと200日以上も先のもの。完全に血の気が引く。どうしよう……。もちろんそれ以外のチケットなんて持っていない。

すると職員からこんな言葉が。「実際にはいかなくても、90日以内に一度メキシコからどこかへ出国する、というチケットを購入すれば大丈夫ですよ。正規料金なので安くはないですが、払い戻しをすれば全額戻りますから」。

もちろん、この提案に一も二もなく飛びついた。心配した職員が、チケット販売窓口まで案内してくれる。そして、使う予定のないチケットを確保。ようやく胸をなでおろした。

さて、メキシコに無事到着。肝心のチケットの提示はまったく求められることもなく、すんなり入国できた。結局のところ、運がよかったのか、たまたまなのかはわからない。しかし、すぐさま強制送還という、情けない事態を避けるための保険ということで、納得することにした。あとからしっかり払い戻しの手続きも済ませ、結果オーライ。

▶パソコン不調で振りまわされる

出発から3カ月たった頃、ノートパソコンに不調が出始める。起動するまでにやたらと時間がかかり、マウスの動きが明らかに鈍い。考えついた対処法はすべて試してみるも、全滅。初期化をすればいいのだろうが、あいにくOSは日本に置いてきた。原因不明なだけにどうしていいのやら、途方に暮れる日々が続いた。

ボリビアの首都、ラ・パス（La Paz）に到着して、パソコンを修理できる場所を探す。電気街で、ついに修理専門店を見つけた。しかし、ここでは修理が難しいといわれてしまう。その後も大使館や、ネット

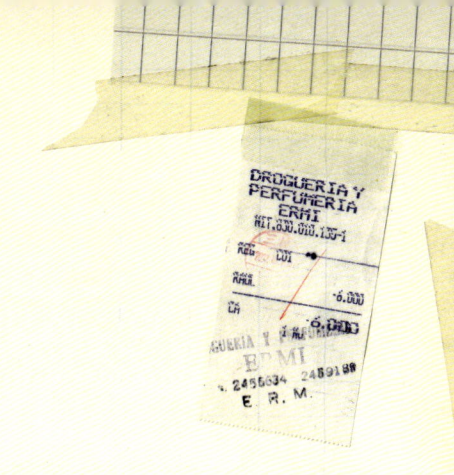

カフェで相談してみたが、有力な手がかりはなし。もしかしたらと思い、カード会社のサポートデスクに電話をしてみる。現地で修理の対応をしているところを教えてもらったが、住所と電話番号だけを頼りに探すのは骨の折れる作業。毎日毎日、ラ・パス中を歩きまわるが、解決までの道のりにはほど遠かった。

ところが数日後。とあるお店で「うちでは修理できないけど、SONYのサービスセンターにいってみたら？」といわれて気づいた。サービスセンターという手があったか！

SONYのサービスセンターは高級なエリアの一角にあった。ガードマンが入口を開けてくれて、中へ入って症状を伝える。対応してくれた人はしばらくパソコンをいじってから、おもむろにいった。「工場出荷状態に戻すことならできるよ」。一部のソフトは消えてしまったが、動作ももとどおりになったし、バックアップもきちんと取っていたので、最低限のダメージで済んだことは不幸中の幸いだった。

▶体調を崩して病院へ

健康管理には気をつかっているつもりでも、ときには体調を崩すこともある。たいていの場合は日本から持参した薬を飲んで、ゆっくり静養すれば回復する。しかし熱が出始めて、どうにもじっとしていられなくなったら、迷わず病院へ。

診察室に入るまでは、それほど待つこともなくすんなりと。日本語はまず通じないので、慣れないスペイン語で一方的に症状を話す。熱がある、食欲がない、寒気がするなど。問診が終わり「注射をするから……」とのこと。これでひと安心、と思ったら「注射器と薬を買ってきて」と医者にいわれる。え？自分で買いにいかなきゃいけないの？

寒気でがたがた震える体を引きずって、処方箋を握りしめて病院内の薬局にたどり着く。処方箋を見た職員から、驚きのひと言「では、会計でお支払いが済んだら、レシートを持ってきてください」。その場にへたり込みそうになりながら、今度は大混雑の会計へいって順番待ち。やっとのことで支払いを終えて、ふたたび薬局へいってようやく薬をもらう。日本とは勝手が違うなぁと、ボーッとした頭で思いながら、どうにか診察室まで戻る。ベッドに横たわって注射を待つあいだに、さすがに疲れてうとうとしてしまった。

注射を打ち、しばらくするとみるみる熱が引いていくのがわかる。だいぶ体も楽になってきたようだ。たっ

ぷり、時間もお金もかかった。しかし、うんうん苦しみながら何日も過ごすことを考えれば、最善の方法だったと思う。数千円かかった治療費は、旅行保険で帰国後に全額戻ってきたことだし。

▶日曜日、大通りで腕時計を盗られる

中南米に危険なイメージを抱く人は、少なくないと思う。日本に比べたら、泥棒や強盗に遭う可能性は高いかもしれない。しかし最低限のルールを守っていれば、かなりの確率で危険を回避できるというのも、また事実。

危険な地域には近づかない。かばんは不用意にうしろに提げておかない。ときどき振り返って、怪しい人がついてきていないかを確認する、など。これらに気を配っていたおかげか、旅が終盤に差し掛かってからも、とくに被害もなく過ごしていた。

けれども、うっかり油断をする瞬間が、誰にでもある。それはコロンビアのボゴタでの出来事。日本ではコロンビアというと悪い印象ばかりが先行しているようだが、ツーリストにとっては親切な人が多いと評判の国。オシャレな美男美女も多く、街歩きの楽しいところだ。

日曜の午後、街は多くの買い物客でにぎわっていた。そんな様子を横目に、ひとりでふらふら散歩。気がつくと人気の少ない場所までやってきていたが、以前にも通ったことのある大通りだからと、そのまま歩いていた。

すると、前方から男女3人組がこちらへ向かってくる。なにか声をかけられたかと思うと、そのうちのひとりの、大柄な男が両肩をつかんできた。一瞬なにが起こったのかわからなかった。しかし、ほかのふたりがその隙にズボンのポケットに手を突っ込んできたので、ようやくわかった。強盗だ！こんなとき、決して抵抗してはいけない。命さえ助かれば、あとはすべて盗られたとしても、どうにでもなるのだから。

すぐに両手を挙げて降参のポーズを取ったが、今度はその手をがっちり押さえつけられた。そして、パーカーに入っていた腕時計を見つけて手にすると、彼らは足早に去っていった。

幸いけがもなく、盗られたものも腕時計だけという小さな被害で済んだ。ちょっとした好奇心に気をとられ注意を怠ると、痛い目に遭うという、手厳しい戒めとなった。

> Information

旅行情報

本書に登場したスポットのデータおよび、
旅の参考にした資料やサイト、通貨単位など。

旅情報あれこれ

p 63　エクアドル・山岳列車のチケット
リオバンバでのチケット売り出し時間は前日の午後3時までだが、しょっちゅう変更になるので、現地で駅の人に確認するとよい。ただし販売開始30分以上前から行列ができていて、すぐに売り切れてしまうので注意。
料金は US 11ドル（2007年11月現在）、要パスポート。バスでアラウシまでいく場合は片道 US 2.5ドル。アラウシからの列車はUS 8ドルなので、トータルではこちらのほうがお得。列車は旧型の1両編成で、列車というよりバスの趣。なお、列車の進行方向の右側に絶景が続くので、座席確保のために早めにホームで列車を待つのがオススメ。

p 65　エクアドル・ビルカバンバへのアクセス
ビルカバンバへはロハのバスターミナルよりミニバスが30分おきに発車。所要約1時間15分。

p 66　エクアドル・ビルカバンバの宿
LE RENDEZ-VOUS
住　所／Diego Vaca de Vega 06-43 y la Paz Vilcabamba - Ecuador／料金／シングルUS 12ドル、ダブル1人US 10ドル（バス・トイレ付き、朝食込）（2008年2月現在）／備考：無線LAN使用は1日 US 3ドル（ノートPC持ち込みの場合のみ）
HP：http://www.rendezvousecuador.com/

p 107　アルゼンチン・ルハン動物園へのアクセス
ブエノス・アイレスの地下鉄D線に乗り、Plaza Italia駅で下車。外へ出たところにバスチケット売り場があるので、「ラピド（高速バスの意）」「ズー・ルハン」と伝えて購入。料金は 5.5アルゼンチンペソ（2007年4月現在）。車両上部に57番と記載しているバスがルハン方面行きだが、動物園を経由しないバスもあるので、乗車前に確認すること。乗車時、バスの運転手に「ズー・ルハン」と伝えておくと安心。動物園入園料は、大人25アルゼンチンペソ、子供（12歳以下）15アルゼンチンペソ（2008年2月現在）。
HP：http://www.zoolujan.com/

旅の参考資料

地球の歩き方（ダイヤモンド社刊）
CASA BRUTUS（マガジンハウス刊）
PEN（阪急コミュニケーションズ刊）
X-Knowledge HOME（エクスナレッジ刊）

参考サイト

Barragan Foundation
www.barragan-foundation.com/

Fundação Oscar Niemeyer
www.niemeyer.org.br/

ブラジルオンボード
www.brazilonboard.com/

ニッポ・ブラジル
www.mundonikkei.com.br/

どこやねんグアテマラ
kiokitok.hp.infoseek.co.jp/

ブルームバーグの為替レート計算
www.bloomberg.co.jp/analysis/calculators/currency.html

各国の通貨単位

中米（2008/02/09現在のレート）

メキシコ	1メキシコペソ = 9.9712 円
グアテマラ	1ケツァール = 13.8786 円
エルサルバドル	1USドル = 107.49 円
ニカラグア	1コルドバ = 5.6577 円
コスタリカ	1コロン = 0.2165 円
パナマ	1USドル = 107.49 円
キューバ	1CUC = 107.34 円

※キューバにはふたつの通貨があり、キューバ人はキューバペソ（CUP＜Pesos Cubanosあるいは Moneda Nacionalと呼称される＞）ツーリストは基本的に兌換ペソ（CUC＜Pesos Convertibles＞）を使うことになる。ただし両替所でCUPも簡単に手に入る。1CUC＝約24CUP ちなみに3キューバペソには、紙幣もコインもゲバラの絵が描かれていてお土産品として人気が高い。

南米（2008/02/09現在のレート）

コロンビア	1コロンビア ペソ = 0.0556 円
エクアドル	1USドル = 107.49 円
ペルー	1ソル = 36.9001 円
ボリビア	1ボリビアーノ = 14.256 円
チリ	1チリ ペソ = 0.2261 円
アルゼンチン	1アルゼンチン ペソ = 33.9139 円
パラグアイ	1グアラニー = 0.023 円
ウルグアイ	1ウルグアイ ペソ = 5.2562 円
ブラジル	1レアル = 60.8681 円
ベネズエラ	1ボリバル = 50.0582 円

Route

出来事でたどる旅の日々

旅の途中で出会った人たちの、オススメ情報には即座に反応。
寄り道を繰り返し、動きまわった331日間の気ままな足跡。

10月17日(火)	メキシコ	日本(飛行機)→ダラス(飛行機)→メキシコシティ……成田であわや出国拒否、なんとか出発。
10月18日(水)		メキシコシティ………T/Cの両替でトラブル。サインしたあとに受取拒否。もめにもめてやっと両替完了。
10月19日(木)		メキシコシティ………ルイス・バラガンの建築を訪れる。自邸とヒラルディ邸の鮮やかな色にしびれる。
10月20日(金)		メキシコシティ………テオティワカンの遺跡へ。階段の勾配がきつくて休憩ばかり。体の衰えを感じる。
10月21日(土)		メキシコシティ(バス)→グアナファト………セルバンテス芸術祭のため、夜通しにぎやかな街。
10月22日(日)		グアナファト………セルバンテス芸術祭の最終日。名残惜しむかのように、昨夜よりさらに盛り上がる。
10月23日(月)		グアナファト………ピピラの丘からカラフルな街並を一望。路地に並ぶ鮮やかな色の家を見て歩く。
10月24日(火)		グアナファト(バス)→ケレタロ………水道橋や展望台へ出かけたあと、公園でのんびり過ごす。
10月25日(水)		ケレタロ………街を散策している途中で出会った、ガイドのおじいちゃん。座ってしばらくおしゃべり。
10月26日(木)		ケレタロ(バス)→メキシコシティ………メキシコシティに移動。ネットをしたり、本を読んだり。
10月27日(金)		メキシコシティ………日中はいろいろな市場へ出かける。夜、大人数でにぎやかにルチャリブレ観戦。
10月28日(土)		メキシコシティ………両替所探しに手間取る。その後、ロック関係のグッズが豊富なロック市へ出かける。
10月29日(日)		メキシコシティ………ルフィーノ・タマヨ美術館でアートを堪能する。大通りではデモ行進の長い列が。
10月30日(月)		メキシコシティ(バス)→タスコ………タスコの街を散策。夜は宿のオーナーとずっとおしゃべり。
10月31日(火)		タスコ………てっぺん近くまで上って街を一望。夜、仮装行列が！ハロウィン？それともプレ死者の日？
11月 1日(水)		タスコ………街を走る車やバスが、白いワーゲンばかりということに気づいて、たくさん写真を撮る。
11月 2日(木)		タスコ………死者の日を体感するべく、昼も夜も墓地へ。お墓を前にして、おしゃべりに興じる人たち。
11月 3日(金)		タスコ(バス)→アカプルコ(夜行バス)→………乗ったバスが車と衝突して、引き返すことに。
11月 4日(土)		プエルト・エスコンディード………ビーチの目の前に宿をとり、まずは昼寝。シーフードに舌鼓。
11月 5日(日)		プエルト・エスコンディード………サーファーを見るためシカテラビーチへ。見事なライディング。
11月 6日(月)		プエルト・エスコンディード(バス)→ポチュトラ(乗り合いタクシー)→シポリテ
11月 7日(火)		シポリテ………ヌーディストビーチへ潜入。険しい崖をよじ登って着いた先には、洋服を着たカップル。
11月 8日(水)		シポリテ………日中はとても暑い。ビーチに座っていたら、宿のオーナーが全裸のまま海から出てきた。
11月 9日(木)		シポリテ(タクシー)→ポチュトラ(夜行バス)→………チェックアウト後も宿にいさせてもらう。
11月10日(金)		サンクリストバル・デ・ラスカサス………早朝に着いたので、まずは仮眠。その後ふらふらと散策。
11月11日(土)		サンクリストバル・デ・ラスカサス………宿を移る。空き部屋がなく、廊下にテントを張って寝る。
11月12日(日)		サンクリストバル・デ・ラスカサス………乗馬ツアーで先住民の村へ。初の乗馬体験、まるで苦行。
11月13日(月)		サンクリストバル・デ・ラスカサス………前日の慣れない乗馬のためか、体中が痛くてつらい。
11月14日(火)		サンクリストバル・デ・ラスカサス………天気が悪いので、宿で過ごす。洗濯物が乾かなくて困る。
11月15日(水)		サンクリストバル・デ・ラスカサス(シャトルバス)→シェラ………雪が降ってきた！寒い！
11月16日(木)	グアテマラ	シェラ………近郊の村スニルへ民間の神様、サンシモンを見に。マネキンを使った怪しい儀式に驚く。
11月17日(金)		シェラ………近郊の村へいこうとしたら、バスを間違えて乗っていた。知らないおじさんに助けられる。
11月18日(土)		シェラ………道に迷いたがなんとか公衆浴場へ到着。グアテマラ人の視線を浴びながら、裸のつき合い。
11月19日(日)		シェラ………織物の村ナワラへいき、実演を見せてもらう。染めも織りも、すべて手仕事。大変な作業。
11月20日(月)		シェラ(バス)→パナハッチェル………道路工事のために、バスがちっとも動かなくて退屈。
11月21日(火)		パナハッチェル………ソロラの激安古着市へ。お宝は見つけられず。広場で罪人が見世物になっていた。

日付	国	場所・移動	内容
11月22日(水)		パナハッチェル	自然保護区に蝶を見に。
11月23日(木)		パナハッチェル(ボート)→サンペドロ・ラ・ラグーナ	ばったり友達に会い、みんなで夕食。
11月24日(金)		サンペドロ・ラ・ラグーナ	スペイン語学校の見学。翌週から1週間、学校へ通うことを決める。
11月25日(土)		サンペドロ・ラ・ラグーナ	ネットをしていたら夜に。軽く飲みながら、サラダをつまんで終わり。
11月26日(日)		サンペドロ・ラ・ラグーナ	船に乗って近くの村へ。定期市を見て歩くがとくに買うものもなく。
11月27日(月)		サンペドロ・ラ・ラグーナ	スペイン語学校での授業がスタート。午後2時から、1日4時間。
11月28日(火)		サンペドロ・ラ・ラグーナ	授業が終わったあと、無料のサルサレッスンに参加。全然踊れない。
11月29日(水)		サンペドロ・ラ・ラグーナ	授業中、先生が鼻血を出し始めてどこかへいったきり戻ってこない。
11月30日(木)		サンペドロ・ラ・ラグーナ	宿題が終わらずランチの時間まで。こんなに勉強するのは久しぶり。
12月 1日(金)		サンペドロ・ラ・ラグーナ	もう少し勉強したかったので、さらに1週間学校に通うことにした。
12月 2日(土)		サンペドロ・ラ・ラグーナ	とても風の強い日。最上階にある部屋からボーッと湖を眺めて終了。
12月 3日(日)		サンペドロ・ラ・ラグーナ	ワインとチーズを買ってきてピンクの夕焼け空の下、酒宴を始める。
12月 4日(月)		サンペドロ・ラ・ラグーナ	またスペイン語学校での日々。思うように覚えられなくて、へこむ。
12月 5日(火)		サンペドロ・ラ・ラグーナ	授業が夕方からなのでサンマルコスの村へ。瞑想施設が多くて驚く。
12月 6日(水)		サンペドロ・ラ・ラグーナ	授業のあと、同じ学校の人たちとご飯を食べに。スペイン語で会話。
12月 7日(木)		サンペドロ・ラ・ラグーナ	桟橋近くのおいしいピザ屋へ。ここにいけば、誰かしら友達と会う。
12月 8日(金)		サンペドロ・ラ・ラグーナ	祭で見た花火がキレイだった。
12月 9日(土)		サンペドロ・ラ・ラグーナ(ボート)→パナハッチェル	顔なじみの人に別れを告げて、出航。
12月10日(日)		パナハッチェル	チチカステナンゴの市へ。
12月11日(月)		パナハッチェル(バス)→アンティグア	パナマへのチケットを購入。南米が目の前に。
12月12日(火)		アンティグア	夜、バーでご飯を食べていたらおじさんたちに話しかけられ、いっしょに酒盛り。
12月13日(水)		アンティグア	ニセモノのブエナ・ビスタのライブを堪能。レストランは超満員。熱気に満ちた夜。
12月14日(木)		アンティグア	郵便局から荷物を送る。
12月15日(金)		アンティグア(シャトルバス)→グアテマラシティ(バス)→リオ・ドゥルセ	
12月16日(土)		リオ・ドゥルセ(ボート)→リビングストン	レストランでプンタのライブを満喫。
12月17日(日)		リビングストン(ボート)→リオ・ドゥルセ(バス)→フローレス	アルマジロを食べる。
12月18日(月)		フローレス	ティカル遺跡を見学。
12月19日(火)		フローレス(バス)→コバン	おんぼろバスは道中ジャンプを繰り返し、かなり体にこたえる。
12月20日(水)		コバン	天然プールのセムクチャンペイへ。
12月21日(木)		コバン(バス)→アンティグア	スーパーで買い物。
12月22日(金)	パナマ	アンティグア(シャトルバス)→グアテマラシティ(飛行機)→パナマシティ	
12月23日(土)		パナマシティ	バーで飲んでいたらパナマ人と意気投合。ビールやらおつまみをごちそうになる。
12月24日(日)	エクアドル	パナマシティ(飛行機)→キト	スコールが降るなか、パナマ運河へ。飛行機でエクアドル入り。
12月25日(月)		キト	標高は富士山7合目と同じ。頭がボーッとする。クリスマスのためか、街は静まり返っている。
12月26日(火)		キト	赤道記念碑へ。
12月27日(水)		キト(バス)→バーニョス	温水プールへいく。エクアドル人は飛び込みをしたり、大はしゃぎ。
12月28日(木)		バーニョス(バス)→リオバンバ	
12月29日(金)		リオバンバ(バス)→アラウシ(バス)→クエンカ	絶景がたっぷり！屋根の上に乗る電車。
12月30日(土)		クエンカ(バス)→ロハ(バス)→ビルカバンバ	お目当ての宿が満室でがっかり。残念。
12月31日(日)		ビルカバンバ	体調不良につき、病院へ。夜中には広場で盛大な年越イベント。大サルサ大会！
1月 1日(月)		ビルカバンバ	新年は村もひっそり。昼寝をしたり、パソコンをいじったり、思い思いに過ごす。
1月 2日(火)		ビルカバンバ	お目当てのところがようやく空いたため、宿を移る。宿にいるだけで満たされる。

1月3日(水)		ビルカバンバ	村をぐるっと1周歩いてみる。途中にあった動物園に立ち寄る。鳥がたくさん。
1月4日(木)		ビルカバンバ(バス)→ロハ	市場で見つけた果物チェリモヤ。おいしそうなので買ってみる。
1月5日(金)	ペルー	ロハ(バス)→チクラヨ	標高が一気に下がり、暑くなる。おかげでビールがおいしく感じられる。
1月6日(土)		チクラヨ(バス)→トルヒーヨ	セビッチェをつまみながら、ビールを飲んで昼からまったり。
1月7日(日)		トルヒーヨ	ワンチャコ海岸でふたたびセビッチェを食べる。帰りにチャンチャン遺跡へ立ち寄る。
1月8日(月)		トルヒーヨ	仙人のようなペルー人に話しかけられる。屋台のウズラゆで卵が気になって買い食い。
1月9日(火)		トルヒーヨ(バス)→チンボテ(バス)→ワラス	夜中に発熱し、体中痛くて眠れない夜。
1月10日(水)		ワラス	熱が下がらないので、病院にいって注射をしてもらう。カフェでコカ茶をごちそうになる。
1月11日(木)		ワラス	前日にいく予定だった、ヤンガヌコ湖ツアーへ出かける。湖に到着したら雪が降ってきた。
1月12日(金)		ワラス(夜行バス)→	バーニョスという街へいって、個室風呂を楽しむ。久々の湯船にご満悦。
1月13日(土)		リマ	高校時代の友人と再会。仕事の合間を縫って、わざわざ会いにきてくれたことに心から感謝。
1月14日(日)		リマ	DVD市場をぶらぶら。ラルコ・マルというショッピングセンターでは買わずに見るだけ。
1月15日(月)		リマ(夜行バス)→	奮発してカメラのレンズを購入。写真を撮るのが、さらに楽しくなりそう。
1月16日(火)		クスコ	ランチに、日本食レストランでインカ丼なるマスを使った丼を食べてみる。かなりいける!
1月17日(水)		クスコ	マチュピチュ行きについて、時刻表を見たりチケットの値段を聞いたり、あれこれ調べる。
1月18日(木)		クスコ	列車のチケットを買う。しかし、翌々日のチケットしかないため、出発を延期することに。
1月19日(金)		クスコ	夕方から大粒のひょうが降り、宿の屋根に穴が開く。1階の部屋は水浸しになってしまう。
1月20日(土)		クスコ(バス)→オリャンタイタンボ(列車)→マチュピチュ	真っ暗闇の中を走る電車。
1月21日(日)		マチュピチュ	ついにマチュピチュへ。早朝から、上ったり下りたりの繰り返しでもうヘトヘト。
1月22日(月)		マチュピチュ	前日の疲れからか、ひたすら眠る。雨が降っているため、外出はせずにのんびり。
1月23日(火)		マチュピチュ(列車)→オリャンタイタンボ(バス)→クスコ	早朝ふたたびクスコへ戻る。
1月24日(水)		クスコ(バス)→プーノ	バスがなぜか急遽キャンセル。安いバスに勝手に振り替えられる。
1月25日(木)		プーノ	市場でキヌアジュースを飲む。ゴソゴソしてなんともいえない味。その後、展望台へいく。
1月26日(金)		プーノ(ボート)→ウロス島(ボート)→アマンタニ島	アマンタニ島の民家にホームステイ。
1月27日(土)		アマンタニ島(ボート)→タキーレ島(ボート)→プーノ	島から帰り、その足で古着市へ。
1月28日(日)	ボリビア	プーノ(バス)→コパカバーナ	小さい街なのにツーリストがとても多く、にぎやかな雰囲気。
1月29日(月)		コパカバーナ(バス)→ラ・パス	不調のパソコンを抱えて、修理してくれるところを探しまわる。
1月30日(火)		ラ・パス	相変わらずパソコンの修理探し。日本大使館や日本人会館にもいったが、有力情報なし。
1月31日(水)		ラ・パス	SONYのサービスセンターで、ようやく修理をしてもらう。やっと直って、本当によかった。
2月1日(木)		ラ・パス	エル・アルトの古着市。パタゴニア用に、トレッキングシューズやら防寒具を格安で購入。
2月2日(金)		ラ・パス	ボリビア版のディスコ、ペーニャ。お酒を飲み、ひらひらと踊り、楽しい夜は更けていく。
2月3日(土)		ラ・パス	お土産の買い出しで歩きまわる。目をつけていたアンティーク品の値段交渉で長時間ねばる。
2月4日(日)		ラ・パス	郊外にある月の谷へ。ゴツゴツとした岩山が連なる様は、確かに異空間にきたかのよう。
2月5日(月)		ラ・パス	楽器博物館に展示してある、冗談でつくられたようなとんでもない楽器を見て、笑った。
2月6日(火)		ラ・パス(バス)→コチャバンバ	チュフライという、ボリビア版カクテルを飲みながら夕食。
2月7日(水)		コチャバンバ	高級住宅街にある、中華レストランで酢豚を食べる。味が濃すぎてがっかりする。
2月8日(木)		コチャバンバ(バス)→オルーロ	たっぷりインターネット。最新ニュースなどをチェック。
2月9日(金)		オルーロ(バス)→ポトシ	世界でもっとも標高の高い(4070m)都市、ポトシは空気が薄く、寒い。
2月10日(土)		ポトシ	パソコンを起動しようとしたら、電源が入らない。また不調だろうか。すっかり落ち込む。
2月11日(日)		ポトシ(バス)→ウユニ	宿に着いたら、たくさんの日本人が。出会った人と遅くまで話し込む。
2月12日(月)		ウユニ	旅のハイライト、ウユニ塩湖へ。まずは1日ツアー。期待以上の素晴らしさにはしゃぐ。
2月13日(火)		ウユニ	ウユニからチリへの2泊3日ツアーを検討。途中で知り合った外国人といっしょにいくことに。
2月14日(水)		ウユニ(車)→サンファン	ウユニ塩湖2泊3日ツアーへ。昨夜からの熱が引かず、そのまま参加。

2月15日(木)		サンファン(車)→ラグーナ・コロラダ……………毛並みがふわふわの赤ちゃんビクーニャと触れ合う。
2月16日(金)	チリ	ラグーナ・コロラダ(車)→サンペドロ・デ・アタカマ……………標高5000m！朝日を拝んで露天風呂。
2月17日(土)		サンペドロ・デ・アタカマ…………………………ウユニを抜けたら、ふたたび熱でずっと寝たきり。
2月18日(日)		サンペドロ・デ・アタカマ……………砂漠の中の街には、洗練されていて雰囲気のいい店が多い。
2月19日(月)		サンペドロ・デ・アタカマ…………………ウユニ塩湖をいっしょにまわった人たちとランチ。
2月20日(火)		サンペドロ・デ・アタカマ(夜行バス)→
2月21日(水)		サンティアゴ……………宿の下にある日本食レストランから、余った鮭を分けてもらう。お刺身で食べる。
2月22日(木)		サンティアゴ…………韓国人の経営するスーパーで、日本の食材をいろいろ買い込む。カレーのルーなど。
2月23日(金)		サンティアゴ……………サンタルシアの丘近くに、いい感じの雑貨屋を発見！ディスプレイも商品もいい。
2月24日(土)		サンティアゴ(バス)→ビーニャ・デル・マル………夕方、ビーチを通って街へ繰り出す。にぎやか。
2月25日(日)		ビーニャ・デル・マル……………バルパライソで青空アートを堪能。壁にはたくさんの落書きも。面白い。
2月26日(月)	アルゼンチン	ビーニャ・デル・マル(バス)→メンドーサ………CD屋を冷やかしたあと、バイキングの店で夕食。
2月27日(火)		メンドーサ…………ボデガ(ワイナリー)見学。もっと試飲したかった。アルゼンチン牛がおいしすぎる。
2月28日(水)		メンドーサ(夜行バス)→……………動物園にいたピューマ。じっと見ていたら、威嚇されて吠えられる。
3月 1日(木)		サンカルロス・デ・バリローチェ………………日本語ぺらぺらのアメリカ人と仲よくなる。宿もいっしょに。
3月 2日(金)		サンカルロス・デ・バリローチェ……………半日ツアーへ。リフトで丘に上り、そこから景色を眺める。
3月 3日(土)	チリ	サンカルロス・デ・バリローチェ(バス)→プエルト・モン…………海沿いへいき、月食を見る。
3月 4日(日)		プエルト・モン(バス)→カストロ…………あいにくの雨だが、木造の教会と祈る人たちは美しかった。
3月 5日(月)		カストロ…………素朴な民芸品の多いチロエ島で、いろいろ買い物。フェリーの情報集めに四苦八苦する。
3月 6日(火)		カストロ(バス)→ケジョン……………ようやくフェリーのチケットを購入。ひと仕事終えた気分。
3月 7日(水)		ケジョン(船中泊)→…………スーパーで食料を買い、フェリーへ。まるまる36時間、とにかく退屈。
3月 8日(木)		船中泊……………途中で人がたくさん降りていったので、船内がらがら。それにしてもやることがない。
3月 9日(金)		→プエルト・チャカブコ(バス)→コイアイケ…………ようやく地上に降り立った。さらに移動。
3月10日(土)	アルゼンチン	コイアイケ(バス)→プエルト・イバニェス(ボート)→チレ・チコ(バス)→ロス・アンティグオス
3月11日(日)		ロス・アンティグオス……………宿のおじさんが経営している農場で、なぜかお手伝い。豚のエサやりなど。
3月12日(月)		ロス・アンティグオス(バス)→エル・チャルテン……………道中、野生のアルマジロを発見。触る。
3月13日(火)		エル・チャルテン……………フィッツロイを見るために、プチトレッキング。カプリ湖の湖畔でランチ。
3月14日(水)		エル・チャルテン(バス)→エル・カラファテ……………レンタカーを借りて、ペリトモレノ氷河へ。
3月15日(木)		エル・カラファテ……………スーパーでお酒を買ってきて、早い時間から晩酌。あぁ、なんてぜいたく。
3月16日(金)		エル・カラファテ……………コルデロ(羊肉)のバーベキューを宿の人たちと。ジューシーでおいしい。
3月17日(土)	チリ	エル・カラファテ(バス)→プエルト・ナタレス…………昨夜のお酒が残っていてだるい。それでも移動。
3月18日(日)		プエルト・ナタレス……………パイネ国立公園へいくが、嵐のような雨。氷河のかけらを食べてみる。硬い。
3月19日(月)		プエルト・ナタレス(バス)→プンタ・アレーナス……………エアチケットの手配をしたら、急に疲れが。
3月20日(火)		プンタ・アレーナス……………ペンギンの営巣地へ向けて出航。が、機械トラブルで船が途中で引き返す。
3月21日(水)	アルゼンチン	プンタ・アレーナス(バス)→リオ・グランデ(バス)→ウシュアイア
3月22日(木)		ウシュアイア…………NHKをひたすら見てしまう。スポーツの中継映像が権利の問題で見られず、残念。
3月23日(金)		ウシュアイア……………近くの体育館を借りて、サッカー。5分も走ると体が悲鳴をあげ、汗だくになる。
3月24日(土)		ウシュアイア……………ペンギンのいる島へ。ようやくペンギンとご対面。とにかくかわいい。きてよかった。
3月25日(日)		ウシュアイア…………朝から冷たい雨。スーパーへ買い物にいくかどうかを悩みに悩んで、ようやく外出。
3月26日(月)		ウシュアイア……………朝からカレーづくり。じっくり時間をかけて料理をするなんて、いつ以来だろう。
3月27日(火)		ウシュアイア……………宿の愛犬を連れて散歩。ぐいぐい突っ走るくせに、ほかの犬がいると急に逃げ出す。
3月28日(水)		ウシュアイア(飛行機)→ブエノス・アイレス……………夜中に到着したので、空港のベンチで1泊。
3月29日(木)		ブエノス・アイレス……………宿が気に入らないので新たに探す。たまたま声をかけてきた人のところへ。

3月30日(金)		ブエノス・アイレス……………飛行機のリコンファームや、T/Cの両替など、用事をひたすらこなす日。
3月31日(土)		ブエノス・アイレス……………レコレータ地区のデザイン市と、malba (現代アートの美術館) へいく。
4月1日(日)		ブエノス・アイレス……………サンテルモ地区の骨董市では、路上にたくさんのパフォーマーが。面白い。
4月2日(月)		ブエノス・アイレス……………ルハンの動物園へ。檻の中にいるライオンやトラに触れ、リャマに餌づけ。
4月3日(火)		ブエノス・アイレス……………ティグレへ。川辺に建つ高級別荘を船から眺める。優雅な生活、いいなぁ。
4月4日(水)		ブエノス・アイレス……………タンゴミュージカル、タンゲーラを見に。生音だったらもっと楽しめたかも。
4月5日(木)		ブエノス・アイレス……………市内の動物園へ。ルハンと比べるとインパクトは弱いが、餌づけができる。
4月6日(金)		ブエノス・アイレス……………セマナ・サンタ (聖週間) のため、閉まっているお店が多くてとても静か。
4月7日(土)		ブエノス・アイレス……………豪華なフェリーに乗って、日帰りウルグアイツアー。街並が本当にキレイ。
4月8日(日)	チリ	ブエノス・アイレス(飛行機)→サンティアゴ(飛行機)→イースター島
4月9日(月)		イースター島……………レンタカーを借りてモアイめぐり。どんどん天気が悪くなり、夕方からは豪雨。
4月10日(火)		イースター島……………早朝からまたレンタカーでモアイめぐり。小雨のなか、ようやくモアイとご対面。
4月11日(水)		イースター島……………マグロ漁船を見かけるたびに漁港へダッシュ。12Kgの巨大マグロをついに入手。
4月12日(木)	アルゼンチン	イースター島(飛行機)→サンティアゴ(飛行機)→ブエノス・アイレス
4月13日(金)		ブエノス・アイレス……………日系移民の方が営むすき焼き屋で夕食。食べながら、さんざん説教される。
4月14日(土)		ブエノス・アイレス……………雨の止む気配がない。宿の向かいのスーパーでワインを買って本日は終了。
4月15日(日)		ブエノス・アイレス……………またサンテルモ地区の骨董市へ。いくたびに面白いものに出会えて楽しい。
4月16日(月)		ブエノス・アイレス……………靴下や洋服のほころびを縫ったり、ブログの準備をしたり、用事を済ます。
4月17日(火)		ブエノス・アイレス(夜行バス)→……………郊外にある花のオブジェを見に。あたりには蚊がいっぱい。
4月18日(水)	パラグアイ	ポサーダス(バス)→エンカルナシオン……………イミグレで乗ってきたバスに置いてけぼりを食う。
4月19日(木)		エンカルナシオン……………ビザを申請するためにブラジル領事館へ。ビザ代が足りず、何度も銀行へ。
4月20日(金)		エンカルナシオン(バス)→イグアス居住区……………日系移民の方が営む宿で、のんびりと過ごす。
4月21日(土)		イグアス居住区……………農協併設のスーパーで、納豆を買う。夕食は肉じゃがや、味噌汁を自炊する。
4月22日(日)		イグアス居住区……………宿の方のおじいちゃん宅へ遊びに。入植時の話を教えてもらいながらお茶。
4月23日(月)		イグアス居住区(バス)→シウダー・デル・エステ……………乗っているバスが突然パンク、びっくり。
4月24日(火)		シウダー・デル・エステ……………アルゼンチン側のイグアスの滝へ。ボートで滝に突っ込みびしょ濡れ。
4月25日(水)		シウダー・デル・エステ(夜行バス)→……………嵐のような大雨、外出をやめて部屋でごろごろする。
4月26日(木)	ブラジル	クリチバ……………11月15日通りをふらふらする。歩行者専用のこの通りは、広々としていて歩きやすい。
4月27日(金)		クリチバ……………観光バスで市内の見どころをまわる。お目当てのニーマイヤー建築が、ついに目の前に!
4月28日(土)		クリチバ(バス)→サンパウロ……………日本食レストランを見つけては、はしゃぐ。本日はとんかつ。
4月29日(日)		サンパウロ……………リベルダージの縁日で屋台メニューをあれこれ。たこ焼き、ギョウザ、かき揚げなど。
4月30日(月)		サンパウロ……………ロレーナ通りにある本屋が素晴らしい。CDは試聴し放題。ソファもあって快適。
5月1日(火)		サンパウロ……………イビラブエラ公園のニーマイヤー建築を見に。公会堂内の大竹富江の作品が美しい。
5月2日(水)		サンパウロ……………ラテンアメリカ記念公園へ。ここもニーマイヤー作。展示物の内容が濃く、楽しい。
5月3日(木)		サンパウロ……………街の中にあるニーマイヤー作のビルを見に。室内も見られたら、面白かったかも。
5月4日(金)		サンパウロ……………ようやくVISAのT/Cを使い切る。中南米ではAMEXのT/Cでないと両替が困難。
5月5日(土)		サンパウロ……………日本から持ってきたニーマイヤーのDVDを見る。実際に見たものが画面の中に。
5月6日(日)		サンパウロ……………蚤の市めぐり。イタリア人街のガラクタ市の、ごちゃごちゃした感じがよかった。
5月7日(月)		サンパウロ(夜行バス)→……………夜行バスの中で食べる夜食用として、おにぎりをつくる。いい出来。
5月8日(火)		ブラジリア……………ニーマイヤー建築をたっぷり見て歩く。30度以上の暑さのなか、ひたすら歩きまわる。
5月9日(水)		ブラジリア(夜行バス)→……………前日同様、ニーマイヤーの建築めぐり。暑いなか、たっぷり歩く。
5月10日(木)		ベロ・オリゾンチ(バス)→オーロプレット……………早朝着いて、そのままニーマイヤー建築を見に。
5月11日(金)		オーロプレット……………急勾配の坂だらけのこの街。傾斜40度はありそうな坂を見て、思わず絶句。

5月12日(土)	オーロプレット(夜行バス)→	トロッコ列車に乗って鉱山跡を見学。洞窟内はひんやりしている。
5月13日(日)	リオ・デ・ジャネイロ	ヒッピー市を冷やかす。ヒッピーとは名ばかりの、普通の蚤の市だった。
5月14日(月)	リオ・デ・ジャネイロ	夕暮れ時のコルコバードの丘へ上ろう、と思ったら、途中で日が沈んだ。
5月15日(火)	リオ・デ・ジャネイロ	かつてのニーマイヤーの住居を見学。係のおばさんが、ゆかいな人だった。
5月16日(水)	リオ・デ・ジャネイロ	サーフバスに乗ってサーフポイントへ。夕方、コルコバードの丘へ上る。
5月17日(木)	リオ・デ・ジャネイロ	対岸の街、ニテロイへ。ニーマイヤーの代表作の美術館、素晴らしかった。
5月18日(金)	リオ・デ・ジャネイロ	コパカバーナ地区のライブハウスでボサノバのライブ。聴きごたえ満点。
5月19日(土)	リオ・デ・ジャネイロ	マリア・ヒタのライブ。まだ来日したことのない彼女、とてもかわいらしい。
5月20日(日)	リオ・デ・ジャネイロ	友人と昼から近所のバーでビール。誰かがビール代を払ってくれていた。
5月21日(月)	リオ・デ・ジャネイロ	カリオカ通りの楽器屋街をふらふらしていたら、サンダルの鼻緒が切れる。
5月22日(火)	リオ・デ・ジャネイロ	ライブを見にラパ地区のレストランへ。同席になった夫婦と仲よくなる。
5月23日(水)	リオ・デ・ジャネイロ	マラカナンスタジアムでサッカー観戦。試合より観客を見るほうが面白い。
5月24日(木)	リオ・デ・ジャネイロ	ニーマイヤーの自伝的映画を見にいく。内容がほとんどわからず、終了。
5月25日(金)	リオ・デ・ジャネイロ	カエターノ・ヴェローゾのライブへ。さすが大御所、とにかくかっこいい!
5月26日(土)	リオ・デ・ジャネイロ(飛行機)→サルバドール	カンドンブレを見にいく。妙に血が騒いだ。
5月27日(日)	サルバドール	天気が悪いので、スーパーにいったぐらいで、あとは同室の人とおしゃべりなど。
5月28日(月)	サルバドール	美しい夕日の予感がしたので、カフェに入ってお酒を飲みながら夕焼けを見る。
5月29日(火)	サルバドール	夜、広場では数組のバンドが演奏中。サンバ隊が街を練り歩き、にぎやかな夜。
5月30日(水)	サルバドール	買うか買わないかさんざん迷った末、ブラジルの弦楽器、カバキーニョを買う。
5月31日(木)	サルバドール	買ったばかりのカバキーニョを練習しようと、弾いていたら、突然弦が切れた。
6月 1日(金)	サルバドール	メルカド・モデロの地下にある、かつての奴隷収容所へ。境遇のひどさに絶句。
6月 2日(土)	サルバドール(飛行機)→ナタル	早朝空港に着いたので、カフェの椅子を勝手に使って仮眠。
6月 3日(日)	ナタル	年間晴天300日といわれているのに、朝から大雨。持ってきたDVDを見たり、昼寝したり。
6月 4日(月)	ナタル	ビーチでパラソルを借りてのんびり過ごす。宿に戻ってからは、併設のプールでひと泳ぎ。
6月 5日(火)	ナタル(夜行バス)→	バスの時間まで、ショッピングセンターで過ごす。無線を使ってネット。
6月 6日(水)	フォルタレーザ	市場でランチを食べて、お土産屋を冷やかす。広々とした市場内は歩きやすい。
6月 7日(木)	フォルタレーザ	見知らぬおばさんたちとタクシーをシェアして、ショッピングセンターへいく。
6月 8日(金)	フォルタレーザ(バス)→ジェリコアコアラ	ビーチで見たカポエイラ。迫力があって最高!
6月 9日(土)	ジェリコアコアラ	夕日を見るために砂丘に登るのが日課に。夜は宿の人と音楽談義に花が咲く。
6月10日(日)	ジェリコアコアラ	昼間の砂丘に登ろうとしたが、砂が熱すぎるため断念。宿で昼寝をすることに。
6月11日(月)	ジェリコアコアラ	夕食後、屋台で買ったカクテルを片手に、ビーチでのんびり星空を見上げる。
6月12日(火)	ジェリコアコアラ(乗り合いトラック)→カモシン(車)→バルナイバ(バス)→トゥトイア	
6月13日(水)	トゥトイア(乗り合いトラック)→パウリーニョ・ネイヴィス→	トラックに乗せられて移動。
6月14日(木)	パウリーニョ・ネイヴィス(乗り合いトラック)→バヘリーニャス	
6月15日(金)	バヘリーニャス	天気がいいので当日申し込んでレンソイスへ。白と青の世界を歩いたり泳いだり。
6月16日(土)	バヘリーニャス	ボートに乗ってカブレーのビーチへ。真っ白い砂浜がずっと広がっていてキレイ。
6月17日(日)	バヘリーニャス	日に焼けすぎたせいか体がだるい。クーラーの効いた部屋でごろごろして過ごす。
6月18日(月)	バヘリーニャス(バス)→サン・ルイス	宿に向かう途中で豪雨に。駐車場の建物に入って雨宿り。
6月19日(火)	サン・ルイス	3日前にカブレーでいっしょだったブラジル人とばったり再会。街を案内してもらう。
6月20日(水)	サン・ルイス	旧市街を散策し、夜はブンバ・メウ・ボイを見るために郊外のショッピングセンターへ。
6月21日(木)	サン・ルイス	昨夜と同様、またショッピングセンターヘブンバ・メウ・ボイを見に。平日なのに混雑。
6月22日(金)	サン・ルイス	近くの街、サンジョゼへ。広場にある教会のステンドグラスが、とてもかわいらしい。
6月23日(土)	サン・ルイス	旧市街でブンバ・メウ・ボイ。羽根の衣装が美しい。気づけば深夜3時まで見続ける。

167

6月24日(日)		サン・ルイス …………… 今夜もブンバ・メウ・ボイ。ほかの場所へもいってみたが、やっぱり旧市街が楽しい。
6月25日(月)		サン・ルイス …………… またもやブンバ・メウ・ボイ。タクシーで少し離れた会場まで。会場が広くて見やすい。
6月26日(火)		サン・ルイス(飛行機)→ベレン …………… 空港から市内へのバスでいっしょになった女性と仲よくなる。
6月27日(水)		ベレン …………… エミリオ博物館の庭で、放し飼いのナマケモノを発見。昼寝を邪魔されて不機嫌そうな顔。
6月28日(木)		ベレン(飛行機)→マナウス(船中泊)→ …………… 船に空きがあったため、ハンモック抱えて乗船。
6月29日(金)		パリンチンス …………… 奇祭、ボイ・ブンバを見る人でごった返す。夜、スタジアムで観戦。0時過ぎまで。
6月30日(土)		パリンチンス …………… 本日もスタジアムへ。途中で大雨、そして停電。会場はすぐに電気が復旧していた。
7月 1日(日)		パリンチンス(船)→マナウス …………… スピードボートで帰路に着く。途中、イルカと遭遇して興奮。
7月 2日(月)		マナウス …………… マナウス市内を走るバスは運転が荒い。きちんとつかまらないと振り落とされそうに。
7月 3日(火)		マナウス …………… ジャングルツアーを申し込む。日本語で説明を受けて、ツアー内容をしっかり把握。
7月 4日(水)		マナウス …………… 1泊2日のジャングルツアー。ピラニア釣りも、夜のジャングル探検も、どれも新鮮。
7月 5日(木)		マナウス(夜行バス)→ …………… 朝日を見て、ジャングルトレッキングと水路探索。楽しい日々に満足。
7月 6日(金)	ベネズエラ	ボア・ビスタ(バス)→BV-8(タクシー)→サンタ・エレナ・デ・ウアイレン
7月 7日(土)		サンタ・エレナ・デ・ウアイレン(夜行バス)→ …………… 夜中に何度も検問。うっとうしくて眠れず。
7月 8日(日)		シウダー・ボリーバル …………… 日曜日の街はゴーストタウンのよう。食料を買えずに、途方に暮れる。
7月 9日(月)		シウダー・ボリーバル(車)→カナイマ国立公園 …………… エンジェル・フォールツアーがスタート。
7月10日(火)		カナイマ国立公園 …………… どろどろの山道を一生懸命歩き、ようやく見えたエンジェル・フォールに感動。
7月11日(水)		カナイマ国立公園(車)→シウダー・ボリーバル …………… 激流のサポ滝の裏を歩く。ものすごい水量。
7月12日(木)		シウダー・ボリーバル(夜行バス)→ …………… バスのうしろの席にいたおじさんが担架で運ばれていく。
7月13日(金)		マラカイボ …………… 検問に引っかかることなく無事到着。ラブホテルのような宿しか空きがなく、へこむ。
7月14日(土)	コロンビア	マラカイボ(バス)→サンタマルタ …………… 時間はかかったが、悪名高い国境を越えてコロンビアへ。
7月15日(日)		サンタマルタ …………… バスに乗ってタガンガのビーチへ。さらに険しい道を歩きプラヤ・グランデへ。
7月16日(月)		サンタマルタ(バス)→カルタヘナ …………… バスターミナルから宿までの道がわかりづらくて、迷う。
7月17日(火)		カルタヘナ …………… 中米へ戻るエアチケットを購入。直行便より、なぜかボゴタ経由のほうが安い。
7月18日(水)		カルタヘナ …………… トトゥモの泥火山で泥風呂を満喫する。昼からビールを飲み、だらだら過ごす。
7月19日(木)		カルタヘナ(飛行機)→ボゴタ …………… 列車を改造したカフェで、優雅にコーヒーとケーキを楽しむ。
7月20日(金)		ボゴタ …………… シパキラの岩塩教会へ。洞窟のような内部の、ライトアップされて浮かぶ十字架が幻想的。
7月21日(土)		ボゴタ …………… 熱を出し、症状がひどいので早朝から病院へ。待合室で座っているのもつらく、横になる。
7月22日(日)		ボゴタ …………… 微熱が続いているのでベッドの中で本を読んだり、日記を書いたり。おかゆをつくってもらう。
7月23日(月)		ボゴタ …………… 体調も回復してきたのでカフェをはしごする。コーヒーミルを探すが、いいのが見つからず。
7月24日(火)		ボゴタ …………… 本日もカフェめぐり。1軒目で頼んだコーヒーといっしょに頼んだクレープがなかなかおいしい。
7月25日(水)	パナマ	ボゴタ(飛行機)→パナマシティ(バス)→ダビ …………… 久々に中米に戻ってきた。バスで即移動。
7月26日(木)	コスタリカ	ダビ(バス)→サンホセ …………… くねくね曲がる山道を走り続けたため、乗りもの酔いで気持ち悪い。
7月27日(金)		サンホセ …………… 雨が降るなか、国立劇場の中にあるカフェでくつろぐ。おいしかったのでもう1杯頼む。
7月28日(土)	ニカラグア	サンホセ(バス)→グラナダ …………… ロッキングチェアを屋外に出している人が多い!みんなゆらゆら。
7月29日(日)		グラナダ …………… 近郊の街マサヤでお土産を探すも、いいものが見つからず。がっかりして帰ってくる。
7月30日(月)		グラナダ(バス)→マナグア …………… バスターミナルの外で待ち構える客引きが怖くて、外出を控える。
7月31日(火)	エルサルバドル	マナグア(バス)→サン・サルバドル …………… キレイな宿にチェックイン。明日の早朝移動に備える。
8月 1日(水)	グアテマラ	サン・サルバドル(バス)→グアテマラシティ(バス)→パナハッチェル
8月 2日(木)		パナハッチェル …………… 前回訪れたときと同じく、クロスローズカフェに通って、おいしいコーヒーを。
8月 3日(金)		パナハッチェル …………… 郵便局からこの旅最後の荷物発送。写真のデータなど、無事に届くように。
8月 4日(土)		パナハッチェル …………… クロスローズカフェのオーナーから、お土産にと、コーヒー豆をいただく。
8月 5日(日)	メキシコ	パナハッチェル(シャトルバス)→サンクリストバル・デ・ラスカサス

8月 6日(月)		サンクリストバル・デ・ラスカサス……………… サパティスタの暮らす村、オベンティックへ壁画を見に。
8月 7日(火)		サンクリストバル・デ・ラスカサス(夜行バス)→ ……………… 民芸品市場で買い物。値段交渉が決裂。
8月 8日(水)		カンクン ……………… キューバ行きのエアチケットを購入。クーラーの効いたショッピングセンターで涼む。
8月 9日(木)		カンクン ……………… キューバで使うためのお金として、カナダドルが必要なので銀行へ。待つこともなく完了。
8月10日(金)		カンクン(バス)→チキラ(ボート)→ホルボッシュ島 ……………… ゴルフカートのタクシーにびっくり。
8月11日(土)		ホルボッシュ島 ……………… ジンベイザメと泳ぐ。あまりに危なっかしいので、ガイドに手を引かれながら。
8月12日(日)		ホルボッシュ島(ボート)→チキラ(バス)→イスラ・ムヘーレス
8月13日(月)		イスラ・ムヘーレス ……………… 大雨のため、メインストリートが冠水。ひざまで水に浸かりながら歩く。
8月14日(火)		イスラ・ムヘーレス ……………… ゴルフカートを借りて島内1周ドライブ。ほとんど停まることなく1時間。
8月15日(水)		イスラ・ムヘーレス ……………… 今日も雨で道路は水浸し。車が立ち往生しているのを横目に通り過ぎる。
8月16日(木)		イスラ・ムヘーレス(船)→カンクン ……………… 数日前、近所のスーパーで大規模な火災があったらしい。
8月17日(金)	キューバ	カンクン(飛行機)→ハバナ ……………… 宿が見つからず、タクシーでうろうろ探しまわってやっと発見。
8月18日(土)		ハバナ ……………… 夕食後、軽く1杯飲みながらライブを楽しむ。マイクなしの生歌は、店の奥までよく響く。
8月19日(日)		ハバナ ……………… 公園で無料ライブを見て、バスで革命広場へ。宿まで戻ってきて、たかり屋にたかられる。
8月20日(月)		ハバナ(バス)→バラデロ ……………… 夜、キャバレーでショー。ダンサーが勢い余ってテーブルを蹴った。
8月21日(火)		バラデロ ……………… 観光バスで島内1周。ダブルデッカーのようなバスで、風を受けながら景色を楽しむ。
8月22日(水)		バラデロ(バス)→ハバナ ……………… ハバナクラブの工場で、ラム製造の様子を見学。模型が素晴らしい。
8月23日(木)		ハバナ(バス)→ビニャーレス ……………… 宿の屋上の雰囲気がよく、ボーッと座りながら夕日を見る。
8月24日(金)		ビニャーレス ……………… 葉巻工場の農場ウォーキングツアーへ。メインの葉巻工場の人が外出していて、見学できず。
8月25日(土)		ビニャーレス(バス)→ハバナ ……………… いつも通っているレストランにて、キューバ最後の夕食。
8月26日(日)	メキシコ	ハバナ(飛行機)→カンクン(飛行機)→メキシコシティ
8月27日(月)		メキシコシティ(バス)→タスコ ……………… 死者の日以来のタスコ。宿のオーナーとの会話も弾む。
8月28日(火)		タスコ ……………… 彫金修行がスタート。つくりたいものを職人の指導のもと、丁寧につくれて大満足。
8月29日(水)		タスコ ……………… 前日につくった作品を仕上げる。時間が余ったので、簡単なものをもうひとつつくってみる。
8月30日(木)		タスコ ……………… 夜だけ営業している、タコス屋の屋台へ。具がたっぷりで、2枚も食べれば満腹になる。
8月31日(金)		タスコ ……………… 彫金修行最終日。お疲れさまということで、テキーラを買ってきて、深夜まで熱く語る。
9月 1日(土)		タスコ(バス)→メキシコシティ(夜行バス)→ ……………… 土曜シルバー市へ。銀製品がとても安い!
9月 2日(日)		オアハカ ……………… さけるチーズの原型といわれるオアハカチーズを市場で購入。ほのかな塩味がうまい!
9月 3日(月)		オアハカ ……………… オアハカには雰囲気のいい雑貨屋、洋服屋が多いので、ただ見て歩くだけでも楽しい。
9月 4日(火)		オアハカ(バス)→メキシコシティ ……………… ソナロッサ地区でセグウェイに乗っている警官を発見!
9月 5日(水)		メキシコシティ ……………… コンデサ地区でショッピング。オーガニックショップの品ぞろえがとてもよい。
9月 6日(木)		メキシコシティ ……………… バラガン建築を見に、郊外へ遠出。トゥラルパンの礼拝堂、サテリテ・タワーへ。
9月 7日(金)		メキシコシティ ……………… テピート地区の市へ。夜は宿の隣のバーで、深夜までテキーラ片手に酔っ払う。
9月 8日(土)		メキシコシティ ……………… アンティック市へ。コーヒーミルをゲット、と思ったら、ペッパーミルだった。
9月 9日(日)		メキシコシティ ……………… ラグニージャのアンティーク市へ。ルチャグッズなど、お目当ての品を買う。
9月10日(月)		メキシコシティ(飛行機)→ダラス ……………… 夜中に宿を出て、いよいよ日本へ帰国。ひたすら待機。
9月11日(火)	アメリカ	ダラス(飛行機)→ ……………… 天候不良のため、日本行きの便に乗り遅れる。空港で丸1日過ごすはめに。
9月12日(水)	日本	→日本 ……………… やっと日本に帰国!あちこちから聞こえてくる日本語が、なんだか懐かしい。

169

旅を終えて

　約1年ぶりの日本。車窓からの風景を見て、あっさりした色合いの街並に、なんだかもの足りなさを感じる。強烈なほどに鮮やかな色と、陽気な人たちと、強い日差しに囲まれて過ごした中南米での日々を思いながら。

　でも、電車で端っこの座席を陣取り、うとうと居眠りしている我々は、旅立つ前とちっとも変わっていない。あまりにスーッと日本の暮らしに戻っていったものだから、ちょっぴり寂しく思ったぐらいだ。

　価値観が大きく覆されたということも、衝撃の出会いがあったというわけでもなく、旅は終わった。ただ、あのまま働いていたら見過ごしていたかもしれないことに、いろいろ気づくきっかけにはなった。

　困っているときに差し伸べられる手のあたたかさ。素晴らしいものに出会ったときに、歓声をあげながら素直に喜ぶその気持ち。そして、日本に暮らす家族が健康でいるからこそ、旅が続けられるということ。当たり前すぎて改めて考えることのなかったありがたさを、さまざまな場面で感じた。

　そして、我々もちょっとだけたくましくなった気がする。天気予報を見なくても、空を見上げてどうなるか考える。安全か危険かという街の雰囲気は、肌で感じて判断する。荷物はバックパックの中身があればなんとかなるし、足りないものは知恵を絞ってどうにかする。なにかに頼る前に自分で考えるということは、便利すぎる日本を離れてこその体験だったように思う。

さて、「本をつくりたい」という秘めた思いが、こんなにも早く実現したことには心底驚いた。縁があってブログにたどり着き、編集という大変な仕事を買って出てくれた石井理恵子さん。我々のわがままに、最後まで根気よくつき合ってくださった。それから、ツボを押さえつつ、驚きに満ちた秀逸なデザインを提案してくれた、スープ・デザインの漆原悠一くん。毎回レイアウトが上がってくるのが、とても楽しみだった。ほかに、旅の途中で出会い、今回スペイン語・ポルトガル語のチェックをお願いした片岡恭子さん。本をつくったことのない我々をサポートしてくれた新紀元社の高山順子さん。こんなに素晴らしい人たちに囲まれて作業できたことを、本当に感謝している。そして、旅先で出会った人たち、ホームページを見てくださっていた人たちにも、心から感謝。

　さまざまな縁が結びついて、できあがったこの本。中南米へいったことのある人には、ページから街の匂いや思い出が呼び起こされることを。また、いったことのない人には、そこから中南米の刺激が伝わることを、切に願っている。

2008年4月　旅音

中南米スイッチ　気ままな中南米旅行記
2008年5月2日　初版発行
2012年2月25日　3刷発行

著者
旅音（林 澄里・林加奈子）

編集
石井理恵子
新紀元社編集部

アートディレクション・デザイン
漆原悠一（SOUP DESIGN）

発行者
藤原健二

発行所
株式会社新紀元社
〒160-0022
東京都新宿区新宿1-9-2-3F
Tel:03-5312-4481／Fax:03-5312-4482
http://www.shinkigensha.co.jp／
郵便振替 00110-4-27618

DTP
株式会社明昌堂

印刷・製本
株式会社リーブルテック

ISBN978-4-7753-0624-6
乱丁・落丁本はお取り替えいたします。
定価はカバーに表示してあります。
Printed in Japan